JN409323

생각 위에 서다

신정호 수필집

생각 위에 서다

수필과비평사

글을 엮으면서

봄이 왔나 봅니다. 따스한 햇살을 받으며 물오른 나뭇가지가 힘차게 기지개를 켭니다.

수필과 인연을 맺은 지 스무 해가 지나면서 이제 두 번째 수필집을 발간합니다. 수필은 밀고 당기는 내 삶이었고 내 안의 목마름을 해소하는 근원이었습니다. 하루하루 평범한 일상 속에서 만나는 삶, 때론 기쁘고, 때론 고달프고 쓸쓸했던 시간들, 마음속 깊은 곳에 가라앉은 내 의식들이 드러난 소소한 글을 모았습니다.

이번 두 번째 수필집은 나보다 열세 살 위인 언니의 귀한 사진 작품이 함께하여 내 글을 더 빛나게 해 주었습니다. 늘 나에게 힘을 북돋아주고 토닥여 준 언니는 나의 버팀목입니다.

수필집 발간에 큰 도움을 주신 홍익병원 이사장님께 감사드립니다.

작품을 세밀히 분석하여 발문을 써주신 유인순 교수님께 감사드립니다.

지나온 시간 내 가까이서 지도해주시고, 이끌어주시고 격려해주신 많은 분들께 감사드립니다. 항상 큰 힘이 되는 가족들에게도 감사합니다.

오늘따라 나를 보면 빙그레 웃으시던 어머니가 무척 보고 싶습니다.

2023년 봄날

신정호

| 목 차 |

| 글을 엮으면서 |

1.

2.

3.

4.

5.

6.

1

나에게 그리고 너에게

뿌리를 찾는 사람들

추억의 창고를 열다

삶의 현장에서

세월의 모퉁이를 돌아

습작노트

한 그루의 나무

나에게 그리고 너에게

음, 앞으로는 삼키지 말고 뱉어내게.
그게 정신 위생에 좋아.
비워내면 자네 가슴엔 큰 그릇이 자리 잡을 걸세.
뒷걸음질치다가, 또 앞으로 나아가다 보면
평온함으로 채워질 걸세.
참 많은 일들을 겪고, 견디고, 지나치면서
우리의 날은 강물처럼 흘러간다네.
기쁨도 서글픔도 공존하면서…….

뿌리를 찾는 사람들

몇 년 전, 입양인 국제행사가 서울에서 열렸다. 여기에 참석했던 한국인 입양인이 친생부모를 수소문한 끝에 찾게 되었다. 유럽으로 입양되었던 어린 딸은 잘 자라서 결혼을 하고 두 아들까지 낳아 네 식구가 모두 서울로 와서 친생부모를 만났다.

남자와 여자는 어린 시절 시골 마을 집성촌에서 자랐다. 멀게는 친척도 되었을 사이여서 오가는 길에 자연스레 어울리고 시간이 흐르면서 좋아하게 되었다. 여자가 먼저 서울로 대학을 갔고 다음 해 남자도 서울로 진학했다. 주변의 부담스러운 눈길에서 벗어난 두 사람은 복잡한 미래의 생각은 접어두고 사랑을 갈구하는 젊은이들이었다. 임신까지 하게 된 여자는 갈등이 있었지만 아이를 낳아 기르기로 결심하고 고향과 멀리 떨어진 시골로 들어가 딸을 낳았다. 이 사실을 알게 된 남자의 가족들이 찾아와 여자를 설득했다. 두 사람은 동성동본이라서 결혼할 수 없고, 남자는 바로 군대도 가야하니 혼자서 키우지 말고 입양을 보내라고 종용했다. 남자는 동성동본의 결혼은 민법으로 금지되는 것을 알면서도 이 상황까지 왔고 여자에게 어떤 힘도 되어줄 수 없어 절망했다. 여자는 어린 나이에 맞닥뜨린 감당하기 힘든 상황이어서 결국 입양을 결정하고 입양기관에 두 사람의 기록을 자세히 남겼다. 아이를 입양 보내게 된 미혼모로서 어쩔 수 없는 사정까지. 그렇게 남자와 여자는 헤어져 서로 다른 삶의 길을 선택했다.

남자와 여자는 소식을 모른 채 각자 가정을 꾸리고 살고 있었는데 뜻밖의 연락을 받고 한자리에 나오게 된 것이다. 의뢰한 딸이 쉽게 친생부모를 찾을 수 있고 남자와 여자에게 연락이 될 수 있었던 것은 당시 입양기관에 입양기록을 자세히 써둔 덕분이었다. 남자와 여자는 오랜 세월을 뛰어넘어 인생의 황혼기가 되어 입양 보냈던 딸을 앞에 두고 만났다. 평생 그리움을 안고 살았을 남자와 여자의 애틋한 눈길이 오가는 모습이 눈에 선하고 만감이 교차하는 그 순간을 감히 상상만 해본다.

그는 그 자리에 통역을 부탁받고 나가서 이런 사연을 접하게 되었다고 한다. 그 무렵 그는 한국 해외 입양에 관한 논문

을 준비 중이었기에 큰 관심을 가지고 참여했다. 이번 사례는 그래도 입양기관에 기록이 잘 보관되어 있어서 친생부모를 찾기가 쉬웠지만 어떤 경우는 관리가 잘못되어서인지 폐기해버렸거나 때론 전혀 다른 기록으로 뒤바뀌어 엉뚱한 부모 자식이 만나 실망하는 경우도 있다고 한다.

최근 한 해에 1500명의 입양인이 부모를 찾으러 오는데 10% 정도만 만남이 성사된단다. 입양인이 친생부모를 찾고 싶은 까닭은 뿌리인 자신의 나라와 친생부모가 왜 입양을 보낼 수밖에 없었는지 알고 싶어서라고 한다. 막상 만나게 되면 그 후의 부딪칠 여파가 두렵기도 하지만, 용기를 내어 친생부모 찾기 위한 신청을 하는데, 관련된 기록이 많지 않고, 있다 하더라도 입양기관에 보관되어 있는 연락처가 불확실해 찾기가 힘들다고 한다. 반면 생부, 생모가 만나기를 거부하는 경우도 있다하니 여러 가지로 문제점이 있는 것 같다.

그는 '왜 한국의 생모들이 자신이 낳은 아이를 입양 보내야했으며, 왜 하필 해외로 가야 했는지를 알아보고, 한국 사회에서 해외입양을 보낸 생모는 대부분 아이를 낳아 비정하게 버렸거나 어쩔 수 없이 포기한 미혼모, 특히 10대의 어린 미혼모로 이해되어 온 상황' 등을 논문에 게재했다.

우리 사회의 한켠에 이렇게 슬픈 가족사가 있다는 것이 마음 아프다. 자식을 떼어 보낸 부모의 삶과, 만리타국에서 양부모 밑에 자라면서 뿌리를 찾고자 하는 열망, 본인의 존재 가치를 파악하고자 애썼을 입양인들의 삶이 애처롭다. 왜 이런 현실이 주어져야만 했을까. 어쩌다 근래엔 우리나라가 해외 입양국 1위가 되었을까.

그는 '입양기관에 보관된 모든 기록은 가족을 찾는 입양인들에게 원본으로 넘겨야 하고, 입양하는 가족을 자세히 파악하고 지원할 수 있는 문제, 좋은 입양 부모를 선택할 수 있는 문제, 무엇보다 아동의 인권과 행복이 보장될 수 있는 입양 내용 등이 담긴 입양특례법이 하루빨리 개정될 것을 간절히 원한다.' 면서 두 손을 꼭 쥐었다.

소시민인 나로선 앉아서 구경만 할 수밖에 없으니 더욱 답답하다. 세월을 훌쩍 뛰어넘어 만남이 이루어졌을 때, 어떤 마음으로 만나고 서로 무엇을 확인할까. 사랑함에도 어쩔 수 없이 보내야 했다는 사연을 들으면 굳어있던 응어리가 풀릴까. 많은 생각들이 들쭉날쭉 머리 속을 맴돈다.

그는 해외 입양인들의 마음을 살피고, 지치고 가슴 아픈 우리 주위의 여성, 어머니들의 목소리에 귀기울이며 오늘도 바쁘게 뛰어다닌다.

그는 페미니스트이자 우리나라 남성으로는 최초 여성학 박사 1호다.

추억의 창고를 열다

이열치열以熱治熱이라 했던가. 연일 찜통더위가 계속되던 날, 날 잡아 창고 정리를 하기로 했다. 무엇이든지 자주 쓰는 게 아니면 집어넣어 두다 보니 창고가 가득차고 복잡해져서 필요한 것을 찾을 때면 한바탕 뒤집어야 한다. 자주 쓰지도 않고, 아예 앞으로 쓸 것 같지 않은 물건들을 꺼내놓다가 선반 맨 위 한쪽에 동그랗게 반짝이는 것이 눈에 띄었다. 스테인리스 '요강'이었다. 내가 결혼할 때 어머니가 마련해 주신 것이었는데 지금까지 한 번도 사용하지 않았지만 이사 다닐 때면 꼭 챙겨 새 집으로 들여가서 언제나 창고 구석에 놓아두었었다.

'요강'은 삼국시대에도 사용했다는 글을 보면, 여인네들이 밤에 밖에 있는 화장실 가는 것이 무서워 방에서 일을 보기 위해 생겨났다고 한다. 둥근 항아리처럼 생겨서 야호夜壺라고도 불렀다. 내가 대여섯 살 때만 해도 밤이면 하얀 항아리에 꽃무늬가 있는 요강을 사용했었다. 집집마다 가지고 있던 요강은 사기나 놋쇠, 스테인리스 등으로 만들어졌고 뚜껑이 있었다. 밤사이 채워지면 아침엔 비우고 깨끗이 씻어두는 게 여자들의 일이기도 했다.

내가 어린 시절엔, 요강은 깊은 밤에 바깥 화장실을 갈 수 없을 때, 아기를 기르는 집에서는 반드시 갖추어야 할 살림살이어서 시집보내는 딸에게 꼭 챙겨 보내는 혼수품 중의 하나였다. 그러나 시대 변천에 따라 화장실이 실내로 들어오면서 자연스럽게 요강은 사라지기 시작했다. 나도 딸이 결혼할 때 요강을 챙겨주는 것은 생각조차 안했고 당연히 쓰일 일도 없었다. 이제 오랜 시간 창고에 쳐박혀 있었던, 그러면서 어쩌면 한쪽에서 조용히 나의 삶을 지켜보았을 요강을 어떻게 처리를 해야 할지 고심해 봐야 할 것 같다. 나는 일단 요강을 깨끗이 닦아 늘 놓아두었던 자리에 다시 올려두었다.

선반 하나하나를 정리해 내려오다 맨 밑바닥 구석에 먼지가 쌓인 채 박혀있는 분홍색 보따리를 꺼냈다. 이것도 용케 몇 번의 이삿짐 속에서 떨궈지지 않고 지금까지 남아 있었나보다. 보따리를 펼치자 고교시절, 대학시절 일기와 받은 편지들, 잡다한 행사의 프로그램들, 당시 친구들에게 돌렸던 앙케

트 노트, 그리고 사위어 곧 부서질 것 같은 대학신문들이 있었다. 빛바랜 푸른색 앙케트 노트를 펼치자 단발머리 친구들 얼굴이 파노라마처럼 떠올랐다. 지금은 어디서 어떻게 살고 있을까. 앙케트 설문도 꿈이 무엇인지, 애송시, 즐겨 듣는 음악, 좋아하는 계절 등 참 단순하고 일차원적인 것이었지만 모두 성의껏 써주었던 글을 보니 가슴이 뭉클해진다. 지금은 미국에서 살고 있는 단짝이었던 현정이는 "가슴 부푼 희망의 앞날이 두 팔을 벌리고 우리를 부르는구나. 우리는 소녀야. 앞으로 다가올 멋진 그날을 위해…." 라고 써놓았다.

한 묶음씩 들춰보는데 눈길을 잡아 끈 것이 또 있었다. 대학시절 내가 직접 악보를 그리고 기타 코드를 적어 연주했던 노트였다. 눈앞에 수업이 끝나면 무리지어 풀밭에 모여앉아 통기타를 치며 포크송을 부르던 영상이 영화 필름처럼 풀려나왔다. 〈연가〉, 〈조개껍질 묶어〉, 〈아침이슬〉 등등. 기타는 전문학원에서 배운 것이 아니고 몇 개의 코드만 익혀서 리듬기타나 아르페지오로 연주하며 떼창을 즐겼었다. 옛 생각에 당시의 애창곡을 흥얼거리며 노트를 넘기다 보니, 내게 기타를 가르쳐주었던 친구가 백지에 낙서하듯 기타 코드를 그려준 것이 끼어있었다. F, C, Am7, D… 탄성이 나왔다.

나는 불현듯 생각난 친구에게 그 종이를 사진 찍어 카카오톡으로 보내며 참으로 오랜만에 안부를 물었고, 바로 답이 왔다.

"오랜만에 친구 소식 들으며 추억에 잠깁니다. 그때 기타를 독학으로 익힌 초보 실력이었지요. 우리는 그렇게 세상에 나아갈 준비를 했죠. 그때 함께한 우리들 모두 건강하게 지내다 좋은 때를 기약하기로 해요." 대학 졸업 후 거의 잊고 지내다 주고받은 안부는 세월을 훌쩍 뛰어 넘었다.

땀과 먼지가 뒤범벅된 것도 잊고 나는 나의 꽃다운 시절로 돌아가 한껏 부풀었다. 거기엔 풋풋하고 반짝이던 젊음이 담겨 있었다. 이루어질 수 없었던 연연娟娟한 사랑, 수줍은 듯 당당했던 내가 있었다. 세월은 이만큼 흘렀는데 그 시절 가슴 부풀었던 희망을 우린 이루었을까. 그저 아쉽고 그리움만 남는다. 어머니의 손길을 느끼는 요강의 처리도, 먼지 덮인 추억의 보따리도 잠시 접어두고, 지금 내 앞에 맞닥뜨린 나이나 건강, 늘그막에 느끼는 소소한 외로움도 내려놓으리라. 그리고 뒤돌아서 보이는 나의 삶에서 젊음과 패기, 사랑과 열정으로 뭉쳤던 그 날로 돌아가 본다. 내게도 으스댈 만한 찬란한 시절이 있었네~~.

그래, 애들아. 나도 한때는 영롱한 미래를 꿈꾸는 프린세스였단다.

삶의 현장에서

그는 주검을 앞에 놓고 부검을 시작할 때면 기도를 드린다고 했다. '다신 아프지 않게 해달라고. 보기 흉하지 않게 해드리고, 좋은 곳에 가시길 바란다.' 고.

어느 날 TV에서 유명 연예인과 이야길 주고받는 Y 교수의 모습을 보았다. 그는 죽음을 연구하는 교육자, 즉 법의학자로 "삶의 마지막에 등장하는 빛도 없는 카메오"라고 자기 소개를 했다. 그는 매주 두 번씩 부검을 하는데 많은 사람이 기피하는 직업이지만 본인은 직업적으로 보람 있는 일이라고 했다. 다만 "마음 아픈 사연이 없었으면 하고, 힘든 인생을 사신 분들이 밝은 얼굴로 그곳에 있길 바라는 마음"이라고 말했다. 가장 마음 아팠던 기억은, 불길에서 네 살된 아들을 구하고 세상을 떠난 엄마를 부검하는데 눈가에 눈물이 말라붙은 자국을 보았을 때였다고 한다. 어린 아들을 두고 세상을 떠나야

하는 엄마의 애달픈 순간이었으리라.

그의 인상은 온화하고, 밝고, 평온한 모습이었다. 그는 카메오지만 그래도 뭔가를 끄집어내어 알리고자 하는 역할을 하면서 고인이 조금이라도 편히 눈감을 수 있도록 최선을 다할 뿐이라고 했다. 또 다른 흉부외과 의사는 환자를 수술하면 퇴근도 안하고 수술 환자의 상태를 살피며 힘든 시간을 보내지만 사람을 살리기 위한 삶이라는 보람이 있다고 밝게 웃으며 말했다. 다만 갈수록 흉부외과를 이어갈 지원자가 거의 없어 난감하다고.

올해 들어 몇 개월째 종식되지 않는 코로나19 때문에 우리의 일상생활도 양상이 바뀌었다. 외출하려면 얼굴을 반쯤 가리는 마스크를 쓰고, 반가운 사람을 만나도 멀찌감치 서서 눈웃음을 주고받는 것으로 마음을 보여준다. 학생들은 등교하지 못한 채 집에서 온라인 수업을 받는 등 이런 풍경들을 대하는 게 낯설고 생경하다.

전 세계가 긴장하고 있는 상황에서, 각자의 일상은 못 챙기고 묵묵히 치료에만 전념하여 우리의 생활이 조금씩 활기를 띨 수 있도록 한 의료인들의 희생과 봉사에 대해서 감히 무슨 말로 감사함을 표현할 수 있을까. 특별히 우리나라 의료진의 실력과 방역대책은 많은 나라에서 주목하

고 있는 실정이라니 참 자랑스럽다.

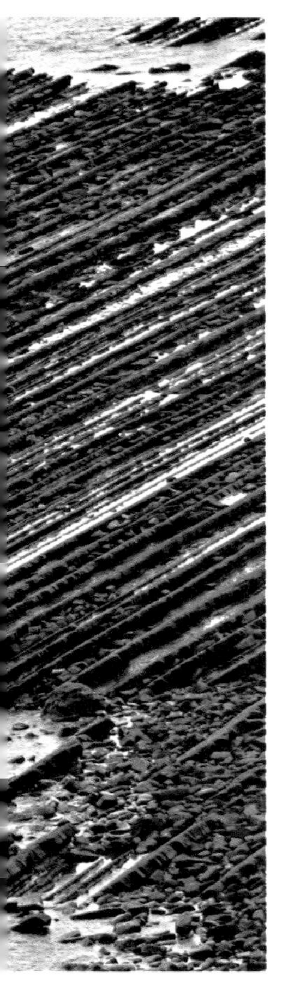

내 친구는 요즘 방영되었던 의사들의 일상을 그린 드라마를 보고 의사들이 정말 존경스럽고 고맙다고 했다. 각자에게 맡겨진 환자의 회복을 위해서 밤잠을 못 자면서 살피고, 개인적인 삶보다는 의사로서의 책임 있는 삶이 우선시되어 환자와의 소통과 치료, 동기들 간의 사랑과 우정이 잘 그려진 드라마였다.

요즘 기피하는 극한 직업의 하나로 택배 물류를 차에 옮겨 싣고 주문자에게 배달하는 업종이 있다. 추운 겨울이나 무더운 여름날에도 그들은 무거운 짐을 들고 달린다. 더구나 요즘은 사시사철 생산되는 농수산물도 한몫을 더해 힘듦을 가중시킨다. 우리는 편안히 집에 앉아 받으면서 음료수 하나로 고마움을 표현해 보지만 뭔가 아쉽다.

아주 어렸을 적 기억이 난다. 당시엔 재래식 화장실이 어느 정도 차면 돈 받고 그것을 처리해 주는 분들이 있었다. 기다란 막대기 양쪽 끝에 긴 갈고리를 만들어 통을 매단 것에 직접 오물을 퍼 담고, 막대기를 어깨에 메고 좁은 길을 게걸음으로 조심조심 걸어가는 것을 보았다. 그것을 우리는 똥장군이라고 불렀다. 아저씨가 출렁대는 통을 붙잡고 지나가는 동안 친구들과 나는 손으로 코를 싸매 쥐고 한쪽으로 비켜서 있곤 했다. 또한 수도 시설이 안 되어 있던 그 시절은 집에 우물이 없는 높은 지대의 주택엔 물통을 막대기에 매달아 물을 퍼 날라주던 사람도 있었다. 시절이 좋아져서 이젠 까마득한 옛 이야기가 되어 요즘의 아이들은 당시 상황을 상상도 못하리라.

예나 지금이나 모두 기피하는 일을 누군가 해주지 않았다면 우리의 실생활은 엉망이었을 것이다. 곳곳에서 위험과 불편을 감수하고, 내 삶을 양보하고, 자신의 맡은 업무를 묵묵히 실행하는 힘든 직업의 종사자들은 이 사회의 꼭 필요한 역할을 감당하고 있는 것이다. 다만 이분들의 복지가 증진되고, 인간 존엄을 헤치는 행위는 당연히 사라져야 하며 서로의 본분을 존중하는 사회가 되었으면 하는 바람이다. 우리 삶의 다양한 형태를 보면서 많은 사람들이, 본인이 살아가는 삶에 보람을 가지고 만족하며 즐겁게 살아가기를 바란다.

결국 어느 분야에서도 어려운 일이건, 쉬운 일이건, 힘들건, 편하건, 너도, 나도 어딘가에서 무엇으로 꼭 필요한 존재들이다.

초등학교 3학년인 손녀는 '미래의 나'를 '퇴근하는 남편을 위해 저녁을 준비하고, 아기와 놀아주다가 재우고, 밤중에 병원에서 콜이 오면 달려 나가는 의사'로 그렸다.

하하. 지금의 꿈대로 꼭 모든 역할을 감당할 수 있기를…….

세월의 모퉁이를 돌아

"눈 내리는 겨울, 한 해의 끝자락에 서면 노래가 되고 울음이 되고 꿈이 되었던 지난 시간의 무늬들을 천천히 단단하게 읽고 있겠지요. 흰 눈에 마음을 기대는 사람들의 표정을 생각하면서……."

한 편의 시와 같은 원고 청탁서를 받고 마음 밑바닥부터 올라오는 일렁임을 한동안 되짚어 음미하고 있었다. 문득 어딘가 훌쩍 떠나고 싶어 길을 나섰다. 차창 밖으로 추수를 끝낸 너른 들판에 하얀 비닐로 싸인 건초더미가 뒹굴고 있는 게 보인다. 두 시간 가까이 달려가 핑크와 보라색 꽃으로 만든 꽃다발을 안고 터널 같은 가을 길을 걸었다. 어머니는 내가 가면 언제나 나를 포근히 안아주시는 듯하다.

"네가 내 곁에 있어서 참 좋다. 고맙다." 하시던 어머니의 목소리가 울려 퍼진다. 환하게 웃으시던 모습이 그리움을 안고 나를 파고 든다. 어머니는 베풀기를 좋아하셨다. 외출할 때면 주위의 친지 분들에게 준다고 늘 무엇인가를 챙겨들고 나가셔서 건네주곤 했다. 손수건, 앙말, 향수, 껌 등 작은 선물이었다.

봄이면 어머니를 모시고 근교로 나가 얕은 산자락에서 쑥을 캐기도 했다. 큰 봉투를 들고 갔다가 쑥이 채 나오기 전이라 한줌도 못 캐고 돌아오면서 깔깔대며 웃으시던 모습, 제부도에 조개 캐러 갔다가 두 시간을 엎드려 갈고리로 긁어댔지만 달랑 조개 한 마리 캐고 파안대소하시던 모습이 눈에 선하다. 어머니는 95세가 되면서부터 걷기가 불편해 부축을 해야 했고 자연히 바깥출입이 줄어들었다. 잘 걸으실 때 더 많이 모시고 다녀야 했었는데. 스산한 가을바람에 낙엽이 뒹구는 오늘은 어머니가 더욱 생각나고 나의 등을 토닥거려 주셨던 손길이 그리워진다.

길을 걷다 보면 지팡이를 짚고 불편한 걸음을 걷는 어르신들을 본다. 주위에 건강한 이들도 있지만 유독 더 눈에 밟히듯 보이는 것은, 거기에 위태롭게 걷던 어머니의 모습이 겹치고 머잖아 나이든 나의 모습까지 겹쳐 보이기 때문이다.

며칠 전 우리 문학동인지 출판기념회가 있었다. 20년 가까

이 수필 강의를 해주셨던 교수님은 거동이 불편하여 참석하는 게 염려되었는데 며칠 전부터 날짜를 확인하고 꼭 참석할거라고 전언을 보내셨다. 힘들게 도착한 교수님은 지팡이를 짚고 부축을 받고도 어렵게 걸음을 떼셨다. 자리에 앉아서 인사드리는 제자들의 이름을 생각해내시면서 "나는 아직 치매는 안 왔어요."하신다. 어쩌다 세월이 이리 지났고, 비껴갈 수 없는 늙음은 이리도 빨리 오는 걸까. 코스에 따라 나오는 음식을 손이 떨려서 제대로 드시지 못하는 것을 보고 앞에 있던 나이 많은 제자가 보다 못해 떠먹여드렸다. 그것을 어린애처럼 받아 드시는 모습을 보았을 때 뭐라 형용할 수 없는 야릇한 마음이었다. 당신의 이런 건강상태에도 불구하고 학생들이 그립고 보고 싶다고 어려운 걸음하신 교수님의 마음과 우리에게 비춰진 모습이 두 갈래로 오락가락했다.

바바리코트를 입은 중후한 중년신사의 모습이었던 교수님의 첫 수업시간은 지금도 생생한 기억으로 남아있고, 내 마음속에선 그 모습만 남기고 싶다. 교수님과의 지난 시간들이 스쳐 지나간다. 달변은 아니셨다. 어눌한 듯 소박한 말투와 껄껄 웃으며 문학적 지식을 우리에게 가르쳐주시던, 그래서 질리지 않는 강의로 오래도록 우리와 함께하신 것 같다. 교실 내 수업 외에 여행 삼아 다녔던 문학기행은 꿈같았던 이야기와 즐거움을 남겼다. 서정주문학관에서 국화 향기 속에 빠졌던 날, 선운사 동백길, 벚꽃이 날렸던 강릉 허난설헌 생가, 욕지도의 비 갠 파란 하늘, 대만의 구불구불한 골목을 누볐던 지우펀, 야류공원에서 보았던 여왕머리바위, 제주도의 곶자왈과 푸른 파도 가까이 거닐던 바닷가…….

문학의 향기를 찾아 동행하며 얘기 나누고, 함께 웃고, 즐겁기만 했던 시간들이 쌓여 이젠 추억으로 남아있다. 과거로의 여행. 그 시절에 파묻히고 싶은 순간들이 내 안으로 들어온다.

누군가 해는 지기 전에 가장 아름다운 빛을 발한다고 했다. 붉은 노을 속에 지는 해는 장엄하리만큼 아름답고, 빨강, 노랑, 주황으로 물들어 떨어지는 낙엽은 또 얼마나 사랑스러운지……. 어쩌면 나의 삶도 가장 아름다운 시절에 걸쳐 있다는 생각이 든다. 남은 시간 하루하루를 설렘으로 시작하고, 매일 감사하는 마음으로 살아야 할까 보다.

이제 곧 거리엔 크리스마스트리가 반짝일 것이고, 구세군 냄비의 종소리도 울려 퍼질 것이고, 새해를 맞이할 건배사도 쏟아질 것이다.

나는 세월의 모퉁이를 돌아서며 "노래가 되고, 울음이 되고 꿈이 되었던 지난 시간의 무늬들"을 되새길 것이다.

습작노트

하루하루 날짜는 가는데 도통 머릿속에서만 맴돌 뿐 시작할 수가 없었다. 결국엔 습작노트를 들고 미국행 비행기에 올랐다. 오래전에 계획했던 손자와의 여행인데 정신없이 지낸 탓에 들뜨고 설렐 새도 없이 출발 날짜가 되었다. 여행을 떠나기 전에 원고를 마무리하고 왔어야할 것을 시작도 하지 못한 터라 머나먼 곳까지 와서 이 글을 쓰게 될 줄을 누가 알았으랴.

일 년 가까이 병원에 입원해 계시다 소천하신 어머니를 생각하며 마음 추스를 겨를도 없이 언니의 발병과 수술로 바쁘고 지쳐서 아무것도 신경 쓸 여력이 없어 부탁 받았던 원고 제출 기한을 넘겨버렸다. 어느 날 조금 더 시간을 줄 테니 나의 수필 작법을 써보라는 전화를 받고, 내 상황을 얘기해 봤자 변명으로 들릴 것이고 차마 더 사양할 수도 없어 그러겠노라고 해 버렸다.

보통 글을 쓸 때는 어느 순간 갑자기 어떤 모티브가 떠오르면 앉은 자리에서 쉽고 빠르게 글을 완성하여 컴퓨터에 저장해 놓고 7~8회 읽어 보며 첨삭을 되풀이한다. 그러나 매번 편하게, 순조롭게 써나가지는 못한다. 처음부터 끝까지 물 흐르듯 써질 때도 있지만 더러는 쓰다 막혀서 며칠을 덮어두고 간간이 생각날 때마다 이어 써 나가며 완결해 본다. 글이 완성되면 스스로 만족스러운 글이 있는가 하면, 읽어볼수록 마음에 들지 않는 경우도 있어 여러 차례 뜯어 고치기도 하고 끝내 미완성으로 남기는 글도 있다.

모티브가 되는 소재는 TV를 보다가, 책을 읽다가, 여행 중에, 또는 일상의 대화를 나누다가 머릿속에 좋은 글감이라는 생각이 들면 메모를 해 둔다. 수첩과 필기도구를 내가 운전하는 차 안이나 책상, 침대머리에 놓아두고 갑자기 좋은 생각이 떠오르면 운전 중이라도 차를 갓길에 세우고 써두거나 잠을 자려다가도 일어나 적어 놓고 본다. 요즘은 급한 대로 휴대폰에 메모를 해 두기도 한다.

제목은 글 내용을 생각하면서 잡아보는데 글 속에 나오는 문장에서 따오든지, 내용을 뭉뚱그려 주제와 연관된 제목을 붙이기도 한다. 내가 조금 더 신경 쓰는 것은 글의 첫머리와

끝부분이다. 글의 시작은 아무래도 끌어당기는 매력이 있어야 글을 계속 읽게 되리라 생각되어 결론을 암시할 수 있는 결정적인 내용을 먼저 깔아두고 독특한 이미지를 그려보려고 노력한다. 물론 노력한다고 뜻대로 되는 건 아니지만. 글의 중심은 주제, 소재와 연관된 내 마음의 소리, 느낌, 주변의 에피소드를 있는 그대로 그려 나간다. 끝부분은 대체로 자기반성이나 긍정적인 생각, 희망 메시지를 전달하는 것으로 마무리한다. 때로는 내가 표현하고자 하는 뜻을 함축한 좋은 글귀나 시를 인용하기도 한다.

한편, 다른 작가의 글을 읽다 보면 '나는 왜 이런 발상을 먼저 하지 못했을까?' 하며 안타까울 때도 많다. 똑같은 사물이나 일상을 보고 내가 미치지 못한 부분을 그려내는 것을 보면 부럽기도 하고 스스로 박학다식하지 못함에 부끄러워지기도 한다. 음악, 미술, 과학, 사회 전반에 걸친 다양한 소재들이 글감이 되어 내가 염두에 두지 못했던 생각들로 쓰이거나, 철학적이고 창의적인 새로운 수법으로 쓰인 글들이 그렇다.

요즘은 많은 수필가들이 활발한 활동을 벌여 다양한 장르의 글들이 발표되고 있는데 정말 참다운 수필이 무엇인지 정의 내리기는 쉽지 않다. 중고교시절 수필은 "붓 가는대로 쓰는 글" "무형식의 형식" 또는 "자기 고백의 문학"이라고 배웠다. 붓 가는 대로, 내 마음 가는 대로 쓸 수는 있겠지만, 근래 실험수필이 시도되면서 아포리즘 수필이나 시와 산문을 오가는 운율을 선보이는 등 형식이나 내용이 새로운 면을 보여주고 있어 내 글의 방향을 어찌 잡아야 할지 모르겠다. 혹자는 심오한 글을, 혹자는 가볍게 읽을 수 있는 신변잡기를 좋아하는 것으로 나뉠 수 있다고 본다. 어쨌거나 글은 각자의 개성이 나타나는 것이니 내 그릇에 만족하며 나만의 색깔이 있으리라 자부해 보기도 하지만 썩 자신이 있는 것은 아니다. 다만 내 글을 읽고 누군가 공감하며 감동도 하고 입가에 씨익 웃음을 날리기를 기대해 본다.

몇 년 전, 오사카를 함께 다녔을 땐 어려서인지 고분고분하게 내 말 들으며 따라다니던 손자가, 이번엔 호텔로 돌아와서도 늦게까지 글쓰기에 매달려 있는 나에게 '일찍 주무셔야 내일 여행이 힘들지 않다.'며 제법 의젓하게 보호자인 듯 잔소리를 한다. 세월이 흐르면서 손자와 나의 역할이 바뀌어 가나보다.

오늘도 넓은 벌판이 온통 포도밭인 존 스타인벡의 고향 살리나스를 지나가고, 예술인 마을 소살리토를 거닐면서도 머릿속으론 어떤 글감으로 채울까 궁리해 본다. 하루빨리 마무리하고 남은 여정이라도 손자와의 행복한 추억을 만들어야지.

한 그루의 나무

우리는 가끔 모임의 뒤풀이로 돌아가면서 노래를 부를 때가 있다. 그 때, 바로 앞 사람의 노래 실력이 뛰어나면 그 다음 지목된 사람은 자연히 위축되고 노래 부를 자신이 없어진다. 내가 지금 그렇다. 예부터 “형만한 아우 없다.”고 했듯이 멋진 사진과 어우러져 유려한 문장을 보여주었던 언니의 포토에세이를 뒤이어 글을 쓴다는 것은 마음에 여간 부담되지 않는 게 아니다.

나와 언니는 여느 자매들처럼 투닥거리며 싸우다가, 엉켜서 깔깔대는 일은 절대로 없었다. 아마 열세 살의 나이 차이 때문이기도 했고, 어릴 적 언니는 엄마보다 더 무서운 호랑이 언니였다. 내 기억에 대여섯 살쯤이었던 것 같다. 나는 언니의 미용실(?) 단골손님이었다. 겨울날 아랫목에 놓인 화롯불에 화젓가락을 달구어 내 머리에 웨이브를 준답시고 요리

조리 말았다가 풀면 정말 라면 발 같은 꼬부랑 머리가 나왔다. 때론 리본을 끼워 별스럽게 머리를 땋아주기도 했는데 나를 예쁘게 보이려고 했는지, 아님 언니가 재미삼아 했는지는 잘 모르겠다. 어쨌거나 나는 그런 치장에 별 관심이 없었기에 그리 즐겁다기보다 귀찮아하며 꾸벅꾸벅 졸고 있을 때가 많았다. 내 기억엔 없지만 언니는 내가 갓난아기였을 때부터 엄마를 도와 목욕도 시키고 내 저고리도 만들어 입히고, 엄마가 외출하실 때면 나를 돌보는 것은 언니 몫이 되어 나를 많이 업어주었단다. 언니는 우스갯소리로 그 은혜를 갚아야 한다고 했던 말도 생각난다.

어린 시절부터 내 눈에 비친 언니는 똑똑하고, 뭐든지 잘하고, 학교 공부도 우수했다. 매사 예리하고 정확했다. 반면 나는 어리숙하고, 지혜롭지 못하고 그저 두루뭉실 좋은 게 좋다는 식으로 살았다. 나이 들어 가정을 꾸려 나가면서도 바보처럼 사는 나를 보며 언니는 답답했을 테고 정작 내가 삶의 절벽에 맞닥뜨렸을 때도 비난이나 힐책도, 위로나 격려도 하지 않았다. 그냥 무심한 듯 모른 척하며 가만히 손만 잡아 주었다. 나는 언니의 마음을 안다. 말없이 바라보는 눈빛에서 나는 많은 걸 느낄 수 있었으니까. 나 역시 하고 싶은 말은 많았지만 마음속에만 담아 두었을 뿐 언니에게 구구한 말을 하지

않았다.

십수 년 전, 언니랑 나는 조카의 학회를 빌미로 캐나다 토론토를 함께 간 적이 있었다. 마침 그곳에 사는 지인도 만날 겸 가서 그곳 게스트하우스에서 머물게 되었다. 밤이 되어 자려는데 언니는 발이 춥다며 양말을 신는 것이었다. 발에 열이 많아 잘 때면 이불 밖으로 발을 내놓고 자는 나로선 감이 안 잡혀 언니의 발을 만져 보았더니 차디찼다. 혈액순환이 안 되는 것 같아 언니의 발을 마사지하듯 주무르면서 언니의 나이 듦이, 그에 따라 쇠약해짐이 안쓰러웠다. 그 후 해가 거듭되면서 무릎이며, 허리 디스크 수술까지 받아야 하는 상황이 된 것도 옆에서 그저 안타까워할 뿐이다.

언니랑 나는 목소리와 얼굴이 무척 닮았다고 주위에서 말한다. 언니네 집에서 전화를 받으면 내가 언니인 줄 알고 한참 통화를 하다가 동생이라고 하면 놀라기도 하고, 언니가 자주 다니는 곳에 내가 가면 언니로 착각하고 인사하는 분들도 있다. 형부는 내가 더 예쁘다고 했는데……. 하하.

올해로 희수喜壽를 맞은 언니는 오히려 가족과 친지들에게 선물을 주었고, 지난 회갑回甲때도 주변 가까운 가족들에게 감사카드를 보내주었다. 내게도 금일봉과 함께 카드를 보내왔다.

사랑하는 동생에게

지나온 세월, 너로 인해 내 인생이 더욱 행복했고

지금까지의 삶이 너 때문에 더욱 풍요롭고 보람이 있었나 보다.

항상 내 동생을 있게 해주신 하나님께 감사드린다.

이 세상 다하는 날까지 사랑하는 맘 변치 않으리라 믿으며.

회갑을 맞아 언니가

이런 카드를 받은 동생이 또 있을까. 나는 이 카드를 소중히 간직하고 있으면서 힘들고 지칠 때 꺼내보곤 했다. 나는 언니가 인생의 동반자로 가장 믿고 사랑하는 형부와 함께 회혼례回婚禮도 치르고, 미수米壽, 구순九旬, 백수白壽까지 건강하게 편안하게 지내시길 기원한다.

나에게 '엄마' 다음으로 정겨운 아름은 '언니'다. 언니는 내게 또 한 그루의 커다란 나무이다. 나는 그 커다란 나무 그늘에서 삶에 지친 땀도 식히고 마음에 평안과 위로도 받으며 나뭇잎을 스치는 바람의 속삭임을 들을 수 있으리라. 밝게, 긍정적으로, 지혜롭게 살아가라는…….

이제 언니의 뒤를 이어 글을 쓰면서 앞에 펼쳐 놓았던 수많은 사연과 멋진 자연의 세계를 훼손하지 않는 글, 나만의 색깔, 내 나름 진솔한 삶의 이야기를 펼쳐 나가보리라 생각해 본다. 누군가, 어디에선가 내 글을 읽는 분들께 사랑을 건네주고, 희망과 용기를 주고, 웃음을 주고, 마음에 잔잔히 이는 감동을 주고 싶다. 나도 누군가에게 편안한 쉼터가 될 수 있는 한 그루의 나무가 되고 싶다.

2

소원등

토닥토닥

어느 가족 이야기

산다는 것은

다시 만날 때까지

미처 말하지 못 했네

소원등

티본강에 소원등을 띄워 보내며
숙연한 마음으로 고개 숙인다.
달라고만 보채던 기도보다
버릴 것을 버릴 수 있기를 간구해 보자.
내 안의 집착과 허세, 질투와 오만을 씻어내 달라고.
나의 간절한 바람이
흔들리는 소원등에 담겨
넘실대는 물위로 항해를 시작한다.
빛은 물속으로 빨려 들어가고
한 줄기 빛이 아스라히 멀어져 간다.

토닥토닥

“엄마가 요즘 가을을 타나 봐요. 우울할 수 있지요. 더구나 엄마는 힘든 시간을 오래 견뎌 내고 있는데. 나 같았으면 못 버텼을 거예요. 오늘 하루는 울고 싶으면 실컷 울어요. 그러고 나면 훌훌 털어질 거고, 다시 웃고, 좋은 생각하고. 엄마에겐 든든한 아들, 딸에 복덩이 손주가 셋이나 있겠다, 그럼 됐잖아요. 돈 워리, 비 해피.”

딸은 카카오 톡과 함께 바비 멕퍼린의 노래를 유튜브 동영상으로 보내왔다. 딸 앞에서 울먹였던 나를 보고 글과 노래로 토닥거려준 딸의 배려에 나는 큰 위안을 받았다. 요즘 따라 빛깔 고운 단풍을 보거나 하늘에 흩날리는 눈발을 보면 가슴이 찡해지며 눈물이 나왔다. 백세 어머니를 뵙고 나올 때면 “내 강아지 조심해서 가거라.” 하시며 내 뒷모습을 안 보일 때까지 보려고 문 앞에 서 계신 어머니의 마음을 생각하면 눈물이 나왔다. 나이가 들어가는 탓일까.

사십 년 가까이 친자매처럼 지내고 있는 K의 아들이 갑자기 급성 림프성 혈액암 판정을 받았다는 소식을 듣던 날도 온몸에 힘이 빠지고 울음이 터졌다. K는 의연하게 울지 않겠다고, 밝게 긍정적으로 아들을 간호할 거라고 오히려 내게 울지 말라고 했다. 아직 20대 한창인 녀석이 어쩌다 백혈병을 앓게 되었을까. 레지던트 2년 차로 장래 훌륭한 의사가 되기 위해 수련 중인 녀석에게 그런 힘든 상황이 왔다는 것을 믿을 수가 없었다. K는 엄마로서, 아내로서, 딸, 며느리로서 1인 4역을 어느 쪽 하나 소홀히 하지 않고 최선을 다하는 천사 같은 여자다.

시작된 항암치료는 확신이 없는 힘든 시간의 연속이었고, 그 상황에서 내가 K에게 해 줄 수 있는 건 힘내라고, 희망을 갖자고 카카오 톡을 통해 토닥거려 주는 것뿐이었다. 아들의 생사를 놓고 살얼음판을 딛고 서 있는 그녀 앞에서 나의 힘듦은 오히려 행복한 고민일 수 있었다. 녀석은 다행히 누나의 골수와 100% 일치해서 골수이식 수술을 했다. 수술 후 6개월간 잘 적응하여 제 것으로 받아들이는 과정을 견뎌내야 한다. 외부랑은 일체 차단하고 모든 시간을 아들과 함께하고 있는 그녀를 위해 진한 마음으로 기도하며 토닥거려 주는 게 전부이다. 그리고 그 녀석이 건강하게 일어나 자신의 자리인 의사로 돌

아가 고통 받는 환자들을 위해 소임을 다하리라고 믿는다.

'토닥토닥'은 듣기만 해도 따뜻하고, 포근하고, 말로 표현할 수 없는 힘이 있다. 엄마가 아가에게 토닥토닥, 선생님이 제자에게 토닥토닥, 의사 선생님이 고통으로 힘들어하는 환우에게 토닥토닥, 누군가에게 격려와 사랑을 담아 토닥토닥…….

내가 한때 갑자기 찾아온 위기로 마음을 못 잡고 방황할 때 어머니는 기도로 나를 토닥거려 주셨다. 겉으로는 호랑이 언니, 형부 같지만 두 분의 속 따뜻한 토닥거림도 내겐 큰 힘이 되었다. 가까이 사는 딸이 친구처럼 내 곁에서 토닥거려 주고, 늘 "할머니, 사랑해요.", "할머니 최고."라고 외쳐주는 내 손주들이 있었다. 아들, 며느리는 든든한 울타리였고 특히 심성 고운 아들은 내 가슴 한가운데 자리잡아 큰 힘이 되어 주었다.

남편은…. 할말이 없다. 가장 가까이서 보듬어 줄 사람이 내 모든 상처의 근원지이니까. 다시 태어나선 결코 또 선택하지 않겠다는 강한 마음에도 불구하고 긴 세월 함께한 정이 있어선지 때론 지쳐있는 그를 토닥거리는 나를 발견할 때가 있다. 한때는 서로 토닥거리며 잘살았는데 요즘은 투닥거릴 때가 많으니 인연의 끝은 어디까지일까. 남편을 보고 있으면 가슴이 답답해지는데, 본인은 전혀 의식하지 못한 채 즐겁게 살면서 내 생일이나 결혼기념일이면 화분을 들고 와 내미는 것이다. 등을 토닥거려주면서. '이 양반아. 많고많은 선물 중에 때 맞춰 물주며 키워야 하는 일거리를 들고 오느냐?'고 목 너머로 나오려는 말을 꾹 눌러 삼킨다. 이것도 그로선 큰 선물일 테니까.

지나온 시간, 어떤 상황에서 오해를 받고 변명 한마디도 못했을 때, 나의 진심을 몰라주는 것 같아 화가 났는데 겉으로 표출할 수 없었을 때, 내가 당할 일이 아닌데 불쑥 어떤 화풀이 대상이 되었을 때, 그럴 때마다 내 안의 나를 토닥거리며 버텨왔다. 내게, 우리에게 진심으로 토닥토닥 해줄 따뜻한 손은 어디에 있을까. 나는 누구에게 토닥토닥 위로와 희망을 줄 수 있을까.

어느 가족 이야기

무더위를 피해 영화 한 편 보려고 영화관에 와서 표를 사는데 티켓을 발매하던 직원은 '라이브 토크'가 있어서 경로우대 할인을 해 줄 수 없다고 했다. 조금이라도 싸게 보는 쏠쏠한 재미가 있는데 영화가 끝난 후 감독과 라이브 토크를 한다니 나로선 없던 경험이라 생소했지만 그러려니 하고 상영관으로 들어갔다.

부자父子인 듯한 중년 남성과 소년이 마트에서 서로 눈짓을 주고받으며 소년의 배낭에 약간의 물건을 살그머니 넣고 용케 발각되지 않은 채 그곳을 빠져나와 둘의 통쾌하게 웃는 장면으로 영화는 시작되었다. 두 사람은 장난치며 걷다가 고로케를 사 먹으며 오는데, 어느 집 난간 쪽에서 추위에 떨고 있는 어린 소녀 유리를 보고 고로케를 주면서 데리고 온다.

바람난 남편으로부터 버림받은 하츠에 할머니의 낡고 오

래된 집에서 일용직 노동자 오사무와 세탁공장에서 일하는 아내 노부요, 성매매업소에서 일하는 할머니의 손녀뻘인 아키, 우연히 파친코 주차장에 버려져 있던 소년 쇼타를 데리고 와서 도둑질을 가르쳐 가족으로 살고 있었다. 결국 유리까지 혈연이 아닌 여섯 식구가 한가족이 되어 서로 부대끼며 보통 가족의 모습으로 일상을 보낸다.

갑자기 할머니의 죽음이 찾아왔다. 사망신고를 하고 장례 절차를 밟아야 하는데 무슨 까닭인지 노부요는 집 안뜰에 할머니를 매장한다. 그리고 아무렇지도 않게 그 집에 살면서 할머니가 받던 연금을 자유롭게 찾아 쓴다.

어느 날 마트에서 물건을 훔치다 들킨 유리를 구하기 위해 쇼타는 일부러 양파자루를 들고 뛰다가 붙잡히고 만다. 어느새 쇼타의 마음엔 유리가 동생으로 자리 잡았기 때문이리라. 이로 인해 할머니의 암매장이 들통나고, 버려진 쇼타와 유리를 데려와 함께 산 것이 유괴로 인정되어 노부요가 구속되면서 이 가족의 비밀이 하나, 둘 열리기 시작한다.

취조관이 "아이가 뭐라고 불렀죠?" 하는 물음에 노부요인 여배우 안도 사쿠라의 연기는 전율을 느끼게 했다. 눈물을 참고 머리칼을 쓸어올리며 한참을 되풀이하다가 오열한다. 사실 엄마이고 싶었지만 엄마가 아니었으니까.

남남으로 구성된 가족이지만 작은 집 처마 밑에 여섯 명이 얽혀 불꽃놀이를 보려고 몸을 내미는 장면이나, 더운 날 바닷가에서 할머니는 모래사장에 앉아 있고 다섯 명은 바다에 뛰어들어 신나게 물놀이하는 장면은 흡사 혈연을 뛰어넘은 한가족이었다.

이 영화의 엔딩 장면은 부모에게 돌아간 유리가 혼자 밖을 내다보며 노래를 흥얼거리고 있고, 쇼타는 오사무와 마지막으로 함께 시간을 보내고 새로운 삶터인 학교로 돌아간다. 오사무는 쇼타에게 듣고 싶은 한마디가 있어 달리는 버스 뒤를 숨차게 쫓지만 쇼타는 무심한 듯 앞만 보고 앉아 있다가 한참 후 아스라히 멀어진 오사무를 보면서 "아빠…." 라고 나직이 부른다.

영화가 끝나자 착잡한 여운이 가슴을 쓸었다. 크게 기대하지 않고 보았던 영화 〈어느 가족〉은 알고 보니 일본 고레에다 감독의 작품으로 2018년 칸영화제에서 황금종려상을 수

상했다고 한다. 예고대로 영화가 끝난 후 '라이브 토크' 시간이 되었는데, 나는 평론가와 감독이 직접 무대 위에 서는 줄 알았다. 아쉽게도 여러 상영관 중 한곳에만 가서 토크쇼를 하고 우리는 보여주는 영상으로 만족해야 했다.

감독은 많은 상처와 결핍으로 모인 가족이지만 가족이 무너지지 않았으면 하는 바람을 가졌단다. 이 영화는 사회와 가족 간의 마찰이며 만일 실제라면 정의감, 혐오감으로 난도질할 것이라고도 했다. 다만 그들이 선량한 것도 악한 것도 아닌 것으로 그리고 싶었다고.

감독이 내면적으로 의도한 것이라고 보여지는 것은 전남편과 부모에게 학대받은 노부요와 유리, 고아로 자란 오사무와 버려진 쇼타, 누군가로부터 소외당한 아키 등 이들의 공통적인 정점頂點은 '가족'이었다.

'가족'이란 무엇일까? 주변을 보면 사랑으로 하나되어 살뜰하고 애지중지하는 가족도 있지만 갈등과 대립, 결핍된 사랑으로 서로 각을 세우는 가족도 있다. 영화 속의 이들은 혈연은 아니었지만 서로 보듬어 주고, 인정해 주고, 각자의 상처를 어루만져 주며 진정한 한가족이 됨을 느낀 게 아니었을까?

영화관을 나오면서 '가족'이라면 서로 사랑하며 공경하고,

울타리도 되어 주고, 따뜻하게 토닥이며 살아가는 화목한 모습이었으면 하는 바람을 가져본다.

산다는 것은

따스한 봄볕을 느끼며 한 걸음 내딛는데 내 가슴팍에서 반짝 빛나는 게 있었다. 은빛 머리카락 하나. 아, 조금 전 병실에서 어머니를 가슴에 안았을 때 한 오라기가 붙었었나 보다. 마치 어머니와 나의 인연의 끈인 것 같아 쉽게 후~ 불어 날려 보내질 못하겠다.

몇 달째 고비를 넘기며 버티시면서 우리를 붙잡고 계시는 것을 보면 삶은 우리 손에 쥐여진 것이 결코 아닌가 보다. 더욱이 머지않아 내게도 다가올 순간들이 작은 두려움과 함께 파고든다.

얼마 전 친구들과의 모임에 모 제약회사 직원이 건강보조식품을 들고 와서 장황하게 설명을 했다. 요즘 손이 저리거나 눈이 파르르 떨리고 사물이 침침하게 보이는 증상이 나타나지 않느냐고. 이런 전조 증상들을 무시해 버리면

언젠가는 뇌혈관이 막혀 뇌경색이 오고, 터지면 뇌출혈이 되어 반신마비나 언어장애가 올 수 있다고. 마침 요즘 들어 내게 나타나는 증상이기에 귀를 쫑긋하고 들었다. 그는 들고 있던 약 한 알을 쪼개어 스티로폼 조각에 그 액체를 떨어뜨리니 얼마 안 되어 구멍이 뻥 뚫렸다. 즉, 그렇게 우리 혈관에 막힌 통로를 깨끗이 뚫어준다는 것이었다. 나는 두 번 생각할 것도 없이 신청을 했다. 물론 약국에서 구입하는 것보다 훨씬 싸고, 다른 몇 가지 의약품도 서비스로 준다는 말에.

집에 와서 약 상자를 열어보니 그동안 선물 받았던 종합 비타민이며 칼슘, 오메가 3 등이 포장도 뜯지 않은 채 가득했다. 나는 내 건강에 자신이 있어서 한번도 건강보조제를 산 적이 없었고, 있어도 먹지를 않았다. '에고~ 있는 것이나 착실히 먹을걸.' 하고 후회해봐야 이미 늦었다. 설명한 대로 혈관이 깨끗해지길 기대하면서 이제 이것부터라도 신경 써서 먹어 봐야지.

늙어감은 어찌 몸뿐이겠는가. 정신적으로 외롭고, 때론 노엽고, 서럽고, 힘들 때가 많아진다. 게다가 지인들로부터 온 결혼청첩장이 쌓이던 자리에 이젠 부고訃告가 앉아 있다. 요즘은 자식들이 결혼하면 대부분 분가를 해서 집에는 두 노인만 썰렁하게 지내는 집이 많다. 나 역시 둘이만 남아 사랑보다는 쌓인 정으로 사는 생활이 되다 보니 매사가 무덤덤해진다. 우스갯소리로 이 나이에 두근두근 설레는 건 심장병이라나?

우리 선조들이 3대, 4대가 한 울타리 안에 살면서, 자식들은 아침저녁 부모님의 잠자리를 살피며 요 밑에 손 넣어 보고 문안 인사를 드리고, 손주들 재롱으로 온 집안이 떠들썩했던 그 옛날이 부럽다.

우리의 현실은 명절이나 생일에 서로 얼굴을 잠깐 보거나, 간간이 전화나 휴대폰 동영상으로 손주들과 나누는 몇 마디 안부만으로 만족해야 하고 그것도 감사하며 지낸다. 그 정도면 도리를 다한다는 젊은 세대와, 그래도 더 많이 배려해주고 관심을 가져주길 바라는 우리 세대의 관점은 좁혀지질 않는데, 어느 쪽이 옳고 그르다는 판단은 어렵다. 시대가 바뀌면서 핵가족화 되어 분가를 하게 되니 조부모는 자연 아웃사이더가 되고 말았다. 나 역시 자식들과 한 울타리 안에서 살고 싶었던 희망이 컸지만 힘도 못 써보고 깨지고, 각자 다른 삶의 터전을 잡았다. 그래서인지 가끔 이웃사촌만도 못하다는 푸념이 절로 나온다. 저물녘 빈집에 들어설 때면 오래전 통통거리며 달려와 안기던 녀석들이 그리워지는 마음을 내 나이가 되어야 알 수 있으리라.

"엄마도 소녀일 때가/ 엄마도 나만 할 때가/ 엄마도 아리따웠던 때가 있었겠지…" 라는 노랫말처럼 애틋한 시절을 보내고 인생을 마무리하는 단계까지 오게 되었다. 속절없이 지내온 젊은 날이 어제인 양 또렷한데 언제 이리 빨리 세월이 흘렀는지 아쉽기만 하다. 주위에서 '어르신'이라고 부르는 게 아직은 어색하고, 지하철이나 고궁 등에서 경로우대를 받는 것도 썩 유쾌하진 않다.

어머니는 모든 삶의 일정을 거쳐 오늘에 이르셨다. 하루 중 이십여 시간을 주무시면서도 누군가 오면 눈 뜨고 웃어주며 손잡아 주시는 어머니는 무슨 생각을 하실까. 깊은 잠 속에서 어머니의 소녀 시절을 그리워할까. 늘 가슴에 품고 사는 자식들, 이쁜 손주들과 즐거운 시간을 보내고 계실까. 어머니의 모습에 내 모습이 오버랩되며 내 딸의 가슴에서도 나의 흰 머리칼이 반짝이는 듯하다.

나는 봄 햇살을 받으며 "연분홍 치마가 봄바람에 휘날리더라…." 를 흥얼거린다. 또 한 번의 봄이 찾아온 것이다.

다시 만날 때까지

매일 아침, 병실 문을 열고 들어가면 어머니는 머리를 곱게 빗고, 예쁜 꽃반지를 끼고 웃으면서 손을 흔들었습니다.

동화책을 읽으며, 퍼즐을 맞추며, 옛 사진을 보며, 그리고 화투를 치면서 큰 소리 내어 웃고 옛이야기들도 해 주셨습니다. 어릴 적 학교에서 늘 100점만 맞고 1등을 했었노라고 뻐기며 자랑하셨습니다. 주치의 선생님께 일본어를 가르쳐 주면서 목에 힘도 주셨습니다. 그냥 귀엽고 순진하기만 했던 어머니는 항상 그 자리에 그대로 계실 줄 알았습니다.

2018년 5월 15일, 스승의 날이었습니다. 여느 때처럼 아침 식사 시간에 맞춰 어머니를 찾아 뵈었습니다. 식사를 못 하신지는 두어 달 되었고 영양제 주사와 주사기에 음료를 넣어 목으로 넘겨드리는 정도였지만 우리가 가면 알아

보셨고 말씀은 못하시지만 손을 꼭 잡아보라고 하면 손에 힘을 주셨습니다. 조금씩 사위어 가는 어머니를 매일 아침, 저녁 두 번씩 찾아뵙는 게 나의 일상이었습니다. 그 날도 별다른 변화 없이 누워 계신 어머니 병상 옆에서 손만 잡아 드리고 앉아 있다가 오후에 오겠다고 하고 나왔습니다. 그날은 수필반 수업이 있어서 수업에 참여하여 즐겁게 수업을 마치고, 오후 5시쯤 병원에 도착했습니다. 어머니는 멀뚱히 나를 바라보셨습니다. 덥다고 환의를 다 풀어헤친 채 아이스 팩을 등허리에 깔고 누워계신 어머니께 간병인은 부채질을 해주고 있었습니다. 내가 어머니 손을 잡고 부채질을 해드리며 오늘 지내온 일을 이야기해 드려도 무심한 듯 아무 반응이 없었습니다. 여느 날과 똑같은 상황이라 30분쯤 앉아 있다가 "엄마, 내일 아침에 올게요." 하며 잡았던 손을 놓고 일어서는데 어머니는 고개를 돌려 나를 물끄러미 바라보셨습니다. 어머니를 간병인에게 맡기고 퇴근이 늦은 딸을 대신해 딸 집에 가서 손자들의 식사를 차려주고 있는데 전화벨이 울렸습니다. 간병인의 다급한 목소리에 멍해지면서 아무 생각도 안 났고 어떻게 운전을 하고 갔는지 모른 채 병원으로 달려갔습니다. 오후 6시 50분. 담당의사와 간호사들이 어머니 옆에 있었고 늘 끼워졌던 산소호흡기도 떼어져 있었습니다. 어머니는 눈을 감고 곱게 주무시고 계셨습니다. 아, 한 시간만 더 머물고 있을 것을……. 한 시간 전 나를 바라보시던 그 눈빛이 떠올랐습니다. 어머니는 무슨 말씀을 하고 싶으셨을까요. 가슴이 미어지는 듯한 후회가 밀려왔습니다. 정신이 맑으셨던 어느 날, 내게 "미안하고 고맙다." 하셨던 어머니. "내가 빨리 가야 네가 고생을 안 할 텐데…." 라시던 어머니. 그래서 이리 조용히 눈을 감으셨는지 모르겠습니다.

323일의 입원 기간 동안 매일 아침 출근길에 들렀던 큰 손자. 올 때마다 손 꼭 잡아주던 둘째 손자. 하루도 빠짐없이 병상의 어머니를 뵙고 맥박을 짚어 보며 "우리 어머니는 심장이 튼튼해." 하시던 큰사위. 이름처럼 어머니에겐 보화였던 큰 딸. 힘의 근원이 되는 아들 내외. 애잔한 사랑을 보내며 아꼈던 막내딸 내외. 세계 곳곳에서 의료 분야의 선두를 달리며 바쁜 중에도 할머니라면 끔찍한 사랑을 쏟던 큰 손녀. 할머니를 향한 무한 애정을 쏟는 손주들. 그리고 손주

며느리들과 손주사위들. 귀엽기만 한 증손주들까지 모두 서른 명의 자손들이 조롱조롱 어머니의 나무에 매달려 있습니다.

103세를 일기로 하나님의 부르심을 받고, 고운 모습으로 눈을 감으신 어머니를 우리는 주님 곁으로 보내드렸습니다. 어머니와 함께했던 자리, 자리마다 이젠 그리움만 남습니다. 좀더 많이 모시고 다닐 것을, 좀더 많이 이야기를 들어드릴 것을…. 후회만 남습니다.

올곧고 착한 심성으로 자신보다 남을 더 배려하고 베풀기를 좋아하셨던 어머니의 품성은 오늘의 우리 가족을 있게 한 뿌리입니다. 튼튼하게 뻗어나간 가지에 반짝이는 새 잎들이 돋아날 어머니의 나무이며 영원히 우리의 버팀목이 될 것입니다.

어머니는 평소 범사에 감사하고, 덕을 베푸는 사람, 모든 이의 본이 되어 칭찬 받는 사람, 세상에서 뛰어나게 잘되고 훌륭한 자손이 되라고 우리를 위해 늘 기도하셨습니다. 우리는 어머니의 발자취를 따르며 세상의 소금과 빛이 되는 삶을 살겠습니다.

'어머니! 어머니가 아끼고 사랑을 주셨던 우리 모두는 어머니를 많이, 많이 사랑합니다. 우리는 오래도록 어머니를 가슴에 묻고 살 것입니다.

어머니. 감사합니다.

어머니, 엄마. 다시 만날 때까지 안녕….‘

미처 말하지 못 했네

"엄마가 우리 엄마라서 참 감사해요." 딸애가 나를 안으며 말했다.

"나도 네가 내 딸이라서 고맙다." 나는 눈물이 떨어지려는 걸 참으며 딸애의 등을 토닥거렸다.

어버이날 무렵, 딸애가 작은 상자를 들고 와 생각지도 않은 마음의 선물을 내미는 바람에 나도 엉겁결에 미처 하지 못했던 말로 맞장구를 쳤다. 속으로는 감격하며 받아들인 말이지만 딸에게서 그런 말을 들을만 한 엄마일까, 더 훌륭한 엄마의 딸로 태어났으면 어떻게 살아가고 있을까를 생각해 본다. 그러나 굳이 다른 생각할 필요 없이 내 딸로 태어나준 게 인연이라면 인연이고, 우리의 운명이고, 나로선 행운이리라.

딸애가 대학 시절까진 우리 가족은 풍요롭고 순조로운 생활이었다. 그 이후 소설이나 드라마에서 볼 수 있는 뜻밖의

상황으로 바뀌면서 모두 힘들고 절망적이었음에도, 무너지려는 나를 오히려 일으켜 세운 게 딸이었다. 누구에게서 물려받은 인성인지, 침착하고 다부지게 위기 속에서 온 가족을 똘똘 뭉치게 했다. 시간이 흐를수록 딸은 나의 동무이자 카운슬러가 되었다.

또한 딸은 어릴 적 키워준 외할머니를 무척 따르고 좋아했다. 나는 결혼해서도 교편을 잡고 있었기에, 우리 식구는 단독주택에 혼자 살고 계셨던 어머니 집으로 들어가 함께 살았다. 어머니는 외손녀를 신생아 때부터 사랑과 정성을 다해 키워주셨고, 딸애 역시 오랜 시간을 외할머니 손길 속에 자라서인지 할머니를 향한 사랑은 커서도 각별했다.

돌 무렵이던 어느 날, 퇴근해서 돌아오니 딸애가 보이질 않았다. 집안에서 일하고 계시던 어머니는 마당에 놀고 있을 거라고 하셨는데, 마당엔 키우던 개 한 마리만 개집 밖에 나와 앉아 있었다. 돌이 가까워지면서 아장아장 걸어 다니던 터라 걱정이 앞서 이름을 부르면서 마당으로, 뒤

곁 꽃밭으로 심지어 대문 밖까지 찾아보았지만 아무 기척도, 그림자도 보이지 않았다. 갑자기 가슴이 쿵쾅대고 어쩔 줄 몰라 집으로 뛰어들어 가다가 혹시나 하면서 개집을 들여다보았다. 세상에…. 딸애는 개집 안에 수행하는 자세로 얌전히 앉아서 눈만 깜박거리고 있었다. 놀람과 안도의 숨을 쉬며 손을 잡고 나와 온몸에 묻은 개털을 털어주고 짐짓 나무라는 투로 물었다.

"너, 개야, 사람이야?"

"…… 개."

돌쟁이가 눈을 반짝이며 진지하게 내뱉는 대답에 우리는 웃음이 터져 나왔다.

어머니는 가끔 그 기억을 되살리며 크게 웃으셨다. 그러던 녀석이 시집까지 가서 제 새끼들을 낳아 키우고 있다고 흐뭇해하시면서 당신의 나이 듦이 한편으론 아쉽다고도 하셨다. 그리고 너는 저런 딸이 있어서 좋겠다고, 네가 있어서 저런 손녀를 보게 되었으니 당신도 복이 많다고 하셨다.

어버이날. 어머니가 보고 싶어 어머니를 뵈러 갔다. 이제 어머니의 집은 양평의 '별 그리다'이다. 홀로 계실 어머니 생각에 카네이션 바구니를 준비하고 쌩쌩 차를 몰았다. 분홍, 빨강 철쭉이 무리지어 피어있는 아늑한 산자락에서 어머니는 환하게 웃으며 손 내밀어 나를 맞이하시는 듯했다. 어머니 앞에 앉자마자 투정부리는 아이처럼 그간의 고달픈 일정을, 식구들의 근황에 이어 아무에게도 하지 못하는 마음의 소리를 넋두리하듯 중얼거렸다. 그런들 어머니가 무슨 말씀을 하시겠는가. 그저 조용히 듣고 계실 뿐. 무던히도 오랜 시간을 소파에 홀로 우두커니 앉아 TV를 보시다, 어쩌다 찾아간 우리를 보면 좋아하시던 모습이 아른거린다. 이제 내가 똑같은 처지가 되어 바쁜 자식들을 이해하면서도 간간이 알 수 없는 눈물이 핑 돌 때가 있으니, 생전의 어머니 마음을 헤아리지 못했음에 후회가 밀려온다.

문득 얼마 전에 읽었던 김규화 시인의 시가 생각났다.

> …… 해드리고
> 좋아하는 음식 해드리고
> 좋은 옷 입혀드리고
> 자주 웃게 해드리고
> 하루 한 번씩 손잡아드리고...
>
> …… 중략 ……
>
> 해드리고 싶은데,
> 이제야 깨달았는데

이제야 깨닫는다. 한 번도 어머니께 하지 못했던 말, 내가 딸에게서 들은 말을 나도 진작 해드릴 것을.

"어머니. 엄마가 우리 엄마라서 고맙습니다."

3

다롱이

생각 위에 서다

우리들의 이야기

여행을 추억하다

날 잊지 말아요

욥을 만나다

다롱이

똥그란 눈으로 나를 빤히 바라보는
너는 언제부터 내 마음에 들어와 있었던 거니.
눈을 깜빡이지도 않고 내 눈을 피하지도 않고
똑바로 쳐다보는 너.
꼬리를 살랑살랑 흔들며 걸어가는 모습,
긴 꼬리를 치맛자락 휘감듯이 빙 돌려서
도도하게 앉아있는 모습에
절로 웃음이 터져 나온다.
활처럼 등을 둥글게 구부리고,
얼굴을 두 손으로 감싼 채
숨을 발딱발딱 쉬면서 자는 너를 보면
나는 어느새 네 등을 쓰다듬고 있다.
너를 향한 사랑이 등을 타고 흘러내린다.
네 아픈 상처 기억하지 말고
지금 네게 쏟아지는 사랑의 손길을
듬뿍 받으며 건강하게 자라거라.

생각 위에 서다

숲에서 불어오는 바람은 분노의 함성을 머금은 듯 유리창까지 덜그럭거린다.

깊은 밤. 이런저런 생각으로 잠을 못 이루다 결국 침대를 벗어나 거실로 나왔다. 거실을 둘러보고 다시 안방으로 들어가 살펴보고, 연이어 서재로 들어가 본다. 주방의 수납장들도 열어본다. 무엇이 이리 많이 쌓여 있을까. 그동안 많은 걸 나눠주고 정리한다고 했지만 아직도 넘치게 남아 있다. 심지어 방긋 웃음을 주고 그리움에 빠지게 하는 가족들의 사진 액자까지도 모두 분류하여 제 집으로 돌려보냈다. 그리고 그동안 여행하면서 모은 오백여 개의 종과 소품들도 아들집으로 보내면서 아우슈비츠 수용소 근처에서 산, 작가가 직접 그림을 그려 넣은 종 하나만 남겼다.

그날, 아우슈비츠 수용소를 둘러보고 나오면서 미묘한 냄새에 휩싸여 기분이 울적했다. 돌아보는 내내 어디선가 독가스가 새어나올 것 같은 회색 건물들과 곳곳에 쌓여있는 유품들이 소름끼치게 긴장감을 불러 일으켰다. 오래전, 어머니와 성지순례 중 독일의 나치에 의해 학살된 600만 명의 유태인을 추모하기 위해 예루살렘에 설립한 '야드 바셈' 추모관엘 간 적이 있었다. 이곳은 홀로코스트 박물관이 설립되기 이전에 세워져 유태인 대학살 관련 자료와 유품 등이 전시 보관된 곳이다. 어느 방엘 들어갔을 때 희생자 수백만 명의 이름과 사진들이 별처럼 채워져 있음을 보았다. 건강하고 아름다운 모습을 보면서 나치의 잔혹함에 가슴이 아렸다. 우리나라도 일제 강점기가 있었기에 더욱 마음에 가까이 다가왔다. 실제 나치의 학살 현장인 아우슈비츠와 야드 바셈에 별이 되어 걸려있던 희생자들의 사진이 오버랩되었다. 오랜 세월이 흘러 역사의 흔적으로만 남겨져 당시엔 처절하고 긴박했을 이곳이, 시간을 뛰어넘어 이젠 관광지가 되어 세계 각처에서 온 사람들로 북적거리는 것을 보니 마음이 야릇했다.

아우슈비츠를 나와서 넓은 민들레 밭이 있는 길을 따라 걷는데 그 옆 조그만 가게 쇼윈도에 진열된 작은 종 하나가 눈에 띄었다. 붉고 푸른 물감을 흘린 듯 덧씌운 종으로, 말끔하

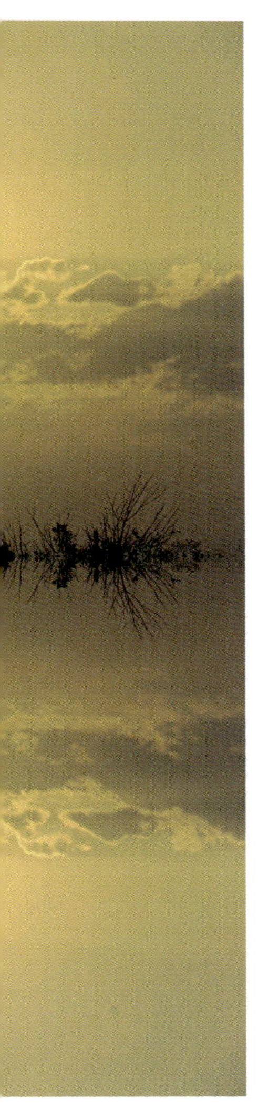

거나 세련되진 않았지만 작가의 손길이 남아있는 느낌이라서 좋았다. 깨질세라 애지중지 잘 포장하여 집에 가지고 와서 장식장에 넣어놓고 보면서 가끔 그날의 기억을 떠올리곤 했다. 어느 것 하나 추억이 깃들지 않은 건 없지만 그중 가장 애착이 가는 종이었다.

내일을 위해 잠을 청해 보려고 침대에 다시 누웠다. 쉽사리 잠은 오지 않고 침대 뒤쪽에 놓인 디퓨저에서 뿜어대는 향에 머리가 지끈거려 신경이 쓰인다. 다시 벌떡 일어나 디퓨저를 서재로 옮겨 놓고 본다. 좋은 향기로 기분이 좋아지라고 가까이 놓아둔 건데 치워버리고 나니 오히려 개운한 건 왜일까. 내 주변에도 향기로운 사람들이 많다. 그러나 시간이 흐르면서 그 향이 너무 짙어 차라리 가까이 하고 싶지 않는 사람도 있다. 나는 어떤 향기를 내뿜고 있을까를 생각해 본다. 세상을 살아나가기에 바람직한 향기였으면 좋겠다.

살아오면서 주위에 많은 친구가 있지만 가끔 만나는 초등학교 친구들이 좋다. 그 친구들을 만날 때면 아득한 옛날이 되어버린 초등학교 시절로 되돌아가 깔깔댈 수 있으니까. 나이가 들다 보니 옛 친구들도 좋고, 은은한 향기를 지닌 질리지 않는 친구, 그 향기에 휩싸여 고개가 숙여지는 친구, 오랫동안 내 손때가 묻은 골동품 같은 친구를 내 곁에 남기고 싶다. K. 그녀는 골동품 같은 친구다. 그 누구보다도 40여 년을 내 얘기 잘 들어주고, 나를 격려해주고, 믿고, 긍정의 힘을 나누어주고 있는 그녀는 보배 같은 존재다. 내게 어떤 상황이 오더라도 늘 내 곁에 든든하게 있을 것이라고 확신하며 나는 그녀에게 감사한다.

어느 새 달력은 마지막 한 장이 남아있고, 또 한 해를 마무리할 시간이 되었다. 누군가 오늘이 제일 젊은 날이라고 하지 않았나. 살아온 날을 뒤돌아보며 아쉬워하기보다는, 남은 앞날을 위해서도 밝은 꿈을 꾸어 보자. 하루가 가면 또 하루가 밝아 오는 것에 감사하자. 내 가지에 매달린 예쁜 꽃들의 앞날을 축복하자. 햇살 따사롭고 꽃향기 그윽한 날, 편히 잠들기를 기도하자.

숲에서 무섭게 몰아치던 바람은 가라앉은 듯, 속삭임으로 스쳐오는데 잠은 영 달아난 듯 눈만 커다래지고 깊은 상념想念에 빠져 새벽으로 다가가는 시간. 어느 노래의 노랫말이 왜 이렇게 가슴에 스며드는지….

나 이제 노을 길 밟으며
나 홀로 걷다가 뒤돌아보니
인생길 굽이마다 그리움만 고였어라
………….

우리들의 이야기

그 날은 무더위가 한풀 꺾인다는 일기예보도 있어서 민속촌의 넓은 주차장에 차를 세우고 안에 깊숙이 들어 있는 유스호스텔까지 걷는데, 따가운 햇살이 등을 파고들어 파라솔을 들고 오지 않음을 후회했다.

수필과비평사 세미나는 왜 이리 최고로 더울 때와 최고로 추운 계절에만 개최하는지 모르겠다는 푸념이 입 밖으로 터져 나오려는데 앞에서 진행을 맡은 집행부는 기획하고, 준비하고, 진행하기까지 얼마나 많은 애를 쓰며 행사가 원만히 잘 끝날 때까지 노심초사할까를 생각하니 입을 다물어야겠다 싶었다.

이번 하계세미나는 서울에서 가까운 용인민속촌에서 치르게 되어 가벼운 마음으로 출발할 수 있었다. 더욱이 김포공항에서부터 작년에 개최지였던 제주지부 회원들과 동행하게 되어 유쾌한 담소로 시간 가는 줄 모르고 즐겁게 민속촌까지 왔다.

여기저기 반가운 얼굴들이 눈에 띄었다. 그중 누구보다 용인까지 어려운 길을 와주신 서정환 사장님의 건강해지신 모습에 마음이 흐뭇했다. 개인적으로 대화를 나눈 적도 거의 없고 어쩌다 마주치면 눈인사 정도 나누었지만 사장님의 온화하고, 푸근하게 웃으시는 모습은 영락없이 사람 좋은 호인의 모습이었다.

주최측이 함박웃음으로 맞이하는 안내석에서 등록을 하고, 쌓여있는 수필집을 욕심껏 챙기며 주위에 몰려든 회원들과 서로 자연스레 포옹과 악수로 만남의 기쁨을 나누는 모습들….

참 신기하다. 각자의 터전에서 서로 다른 삶을 살아가면서 일 년에 두 번이라는 짧은 만남인데도 오래된 친구처럼 이렇게 정겨울 수가 있을까. 아마도 자주 보진 못해도 글을 통해 이미 많은 사연을 헤아린 듯 마음이 통하는 친구가 되어버린 게지.

원탁에 둘러앉아 미처 못 나눈 인사는 눈인사로 가름하고, 올해의 문학상과 신인상 시상식을 보았다. 2006년 1월에 신인상을 받던 그날의 내 모습을 떠올리며…….

나는 여고시절부터 막연히 글쓰기를 좋아해서 문득 뭔가 떠오르면 노트에 끄적거려 두는 버릇이 있었다. 나이 쉰을 넘기자 부끄럽지만 내보이고 싶었다. 좀더 잘 써보고 싶은 욕심이 생겨 평생교육원에 수강 신청도 했다. 모처럼 마음 편하게, 즐겁게 글쓰기 공부에 빠져 들어가던 어느 날, 지도해 주시던 김 교수님의 권유로 설렘이나 기대감도 없이 어정쩡하게 등단을 했다. 평소 등단에 큰 의미를 두지 않았던 내가 신인상을 받고 수필과비평작가회의 회원이 되어 몇 년째 세미나에 참석하면서, 나도 모르게 내면에 은근히 맴도는 자부심 내지는 빛나는 배지를 달고 있는 느낌이 들은 스스로를 웃음 짓게 한다. 더욱 나 자신에게 놀라운 것은 한 발짝 더 나아가는 꿈이 생긴 것이다. 세상에 나만의 글을 내보이고 싶은……. 하지만 아직은 이르고 조금 더 여물어야 될 터, 천천히 생각하기로 여유를 잡는다. 아무튼 이번에 황의순문학상, 수필과비평문학상을 수상하신 세 분과 신인상을 수상한 분들께 마음의 꽃다발을 보낸다. 오늘이 있기까지 일상에서 겪은 희로애락을, 수없는 담금질을 거쳐 많은 사람이 공감하고 감동하는 작품세계로 펼쳐 보인 수상자들의 열정과 끈기가 장하고 놀랍다.

세미나의 정점은 손광성 선생님의 〈대상을 여는 일곱 개의 열쇠〉 라는 주제로 한 문학 강연이었다. 집필 이전에 숨겨진 대상의 본질을 찾는 방법에 대한 강연을 들으며, 나의 글은 어떤 대상의 본질을 찾아 쓰고 있는 걸까? 내 글의 색깔, 스타일은 어디에 속할까, 를 생각해 보지만 스스로 판단하기가 어렵다. 글쓰기의 대상에 대해 개성적 시각을 그리고 따뜻한 시선, 호기심을 가지고 바라보라는 말씀에 고개를 끄덕이며 앞으로의 글쓰기에 도움이 될 수 있도록 유익한 시간을 내주신 선생님께 감사드린다.

저녁 식사를 마치고 뒤풀이로 각 지부의 장기자랑 시간이 되었다. 각 지부의 수줍은 듯, 얌전한 듯 그러나 대담하게 내지르는 끼는 온 좌중의 박수와 환호를 받았다. 특히 인천지부 회원들이 흑백 의상에 검은 선글라스를 끼고 무대 위에 일렬로 늘어선 모습은 가히 위압적이었다. 그러나 앙탈 부리듯 주절대는 기가 찬(?) 후렴구는 많은 사람들의 웃음을 자아냈다.

나는 개인적으로 중요한 일이 있어 다음 날의 일정을 함께 하지 못하고 발길을 돌려야 했다. 모처럼 만난 문우님들과 한국 민속촌의 여기저기를 둘러볼 기회를 갖지 못한 게 아쉬웠지만 급한 마음에 어둠이 덮인 주차장을 빠져나왔다.

고속도로를 빠르게 질주하는 차량의 행렬 속에서, 지금쯤

무리지어 이야기꽃을 피우고 있을 정경을 떠올리며 나는 마음속으로 노래를 불렀다.

모닥불 피워놓고
마주 앉아서
우리들의 이야기는 끝이 없어라……

이제 다시 만날 겨울을 기약하며, 아듀!!

여행을 추억하다

얼마 전 우리나라 영화 〈기생충〉이 오스카상 4관왕을 수상하여 전 세계가 떠들썩했다. TV에서 보여지는 돌비극장을 보니 재작년에 녀석이랑 그곳을 둘러보았던 기억이 난다. 그 때는 오늘이 있으리라고는 생각도 못한 채 그저 유명한 극장이라는 것뿐, 레드카펫도 없었고 문도 닫혀 있어 극장 주변만 무심히 돌아보고 나왔다. 헐리우드 스타의 거리에서 별 모양의 판에 박힌 유명배우들의 이름을 보았고, 맨 왼 쪽에 대한민국 배우 안성기, 이병헌의 사인과 손 · 발자국이 찍힌 판을 발견하곤 녀석은 손자국에 손을 겹치며 사진을 찍었다.

나는 녀석과의 오래전 약속을 지키기 위해 재작년 가을, 미국 서부여행을 떠났다. 녀석은 여행을 결정하고 수속을 밟는 사이에 가방을 미리 싸고 스케줄을 확인하며 들떠 있었다. 나 역시 딸애가 꼭 녀석의 나이였을 때 온 가족이 다녔던 여행

코스를 30년을 훌쩍 뛰어넘어 딸의 아들인 녀석과 가게 되어 감회가 새로웠다.

긴 비행시간을 넘기고 LA공항에 도착하여 버스를 타고 덴마크 민속촌 '솔뱅'을 거쳐 샌프란시스코로 갔다. 이미 널리 알려진 금문교는 예나 지금이나 다름없이 붉은 빛 기둥이 웅장하게 서 있었다. 다리 길이가 2.8㎞가량 되어 걸어서 건너려면 시간이 많이 소요되어 멀리서 바라보고 사진만 몇 장 찍었다. 샌프란시스코에 오면 들르게 되는, 어부들의 선착장이라 불리는 피셔맨스 워프에 가자 기념품 상점들과 식당이 즐비했다. 녀석의 눈이 빛났다. 여기 와서 꼭 먹어 보아야 한다는 피시앤칩을 점심으로 먹고, 녀석이 마음에 두었던 야구 모자를 사고 다음 여정 길에 올랐다.

샌프란시스코를 출발하여 라스베이거스로 향하던 도중, 시에라네바다산맥에 위치한 요세미티 국립공원을 들렀다. 세콰이어 숲길을 따라 걸어가면 안쪽에 빙하가 만들어 낸 절벽과 쏟아져 내리는 '면사포 폭포'는 바람이 불면 마치 신부의 면사포처럼 나부낀다고 붙여진 이름이라는데 장관이었다.

네바다주 관광과 도박의 도시 라스베이거스로 가는 길은 다섯 시간이 넘는 긴 버스여행이었다. 모래 없는 광활한 사막인 모하비사막이 펼쳐지며 사막에서 자생한 조슈아 트리가

간간이 보였다. 모하비사막은 고대에는 바다였는데 화산활동과 콜로라도강의 퇴적으로 점점 광활한 산악 사막이 되었다고 한다. 산의 능선을 따라 바람개비마냥 빙빙 도는 풍력 발전기가 끝도 없이 줄지어 나타났다. 우리나라 같으면 끝없는 아파트 단지가 들어 서 있을 텐데….

해가 질 무렵 라스베이거스에 도착한 우리는 30년 전, 딸이랑 묵었던 엑스칼리버 호텔에 여장을 풀었다. 녀석은 제 엄마가 묵었던 곳에 머물게 된 걸 신기해했고 나 역시 그 시절 온 가족과 함께했던 시간들이 파노라마처럼 펼쳐지며 그날이 그리웠다. 언제 이리 시간이 흘렀을까. 우리는 시내를 돌아보며 화려한 네온사인으로 대낮같이 밝혀진 호텔들과, 음악에 맞춰 춤추는 유명한 벨라지오 분수쇼를 보면서 감탄했다. 숙소인 엑스칼리버 호텔로 들어와 나는 딸애에게 들려주었던 영국 아더왕의 엑스칼리버 검의 전설을 녀석에게도 들려주었다. 녀석은 '사막 가운데 어떻게 이런 도시가 생겼을까, 엄마는 그 때 무슨 생각을 하며 구경했을까.'라는 질문을 던졌다. "아마 엄마는 인형만 보고 다녔을 거야. 하하." 나의 대답에 녀석도 크게 웃었다. 우리는 오랜 시간 바뀌지 않고 그대로 있으면서 마치 언젠가 우리가 다시 오기를 기다려 준 듯한 뷔페 레스토랑에 가서 식사를 했다. 당시 풍성한 음식에 놀라며 우리 네 식구가 마음껏 먹었던 기억을 되새기면서.

다음 날부터 미국의 4대 캐년을 돌아보기 시작했다. 그랜드 캐년은 미국에서 가장 거대한 캐년으로 경관이 뛰어난 협곡이다. 주위에 수천 개의 돌기둥으로 이루어진 브라이스 캐년, 협곡 색이 붉은색, 핑크색이 섞여있는 자이언 캐년을 둘러보고, 내가 가장 인상 깊었던 엔텔로프 캐년으로 갔다. 인디언이 관리하고 있어 원주민 가이드와 함께 돌아보는데 자연의 신비로움에 감탄이 절로 나왔다. 붉은색의 사암으로 형성된 아름다운 협곡이었다. 좁은 틈 사이로 비추는 햇살에 따라 색깔이 달라지는지는 게 신비로웠다. 다녀온 후, 우연히 TV 광고에서 멋지게 펼쳐진 색의 조화로움과 자연이 완성한 아름다운 곡선이 완벽한 작품으로 비춰지는 걸 보고, 놀랍고 반가웠다. 미국은 축복 받은 나라임에 틀림없다. 인간의 힘으로 도저히 이룰 수 없는 자연경관과 광활한 땅 덩어리와 주어진 풍부한 자원을 보면.

LA로 다시 돌아와 녀석이 고대하던 유니버설 스튜디오를 갔다. 오래전 우리가 방문했을 때보다 프로그램이나 시설이 확장되어 더욱 광대해졌다. 짧은 시간 돌아보는 것이라 못내 아쉬워하며 그 무렵 야구에 빠져있던 녀석은 서툰 영어로 야구글러브와 모자를 기념품으로 샀다. 녀석의 엄마는 그 때 곰돌이 푸우 티셔츠를 샀던가.

모든 일정을 마치고 귀국하는 비행기 안에서 녀석은 말했다.

"내년에 할머니랑 또 여행 가요."

"짜식, 이젠 네 엄마, 아빠랑 다녀야지."

녀석으로부터 카톡이 왔다.

"할머니, 감사합니다. 앞으로 더 건강하시고 행복하게 사세요. 사랑해요."

날 잊지 말아요

우리 집은 버스에서 내려 골목길을 따라 한참을 걸어가야 나온다. 초여름의 향기가 코끝을 간질이는 저녁 무렵, 고 3이었던 나는 학교 수업을 마치고 집으로 가는 길이었다. 버스에서 내려 무거운 책가방을 들고 집을 향해 가는데 내 뒤를 따라오는 발걸음 소리에 촉각을 곤두세웠다. 발걸음을 빨리했다, 천천히 했다 해가며 걷는데 아무래도 누군가 나를 따라옴이 틀림없었다. 좁은 골목엔 마침 인적도 없었다. 무섭기도 하고 가슴이 두근거려 앞만 보고 뛸 듯이 걸었다. 그러자 재빠르게 내 앞을 가로막는 사람이 있었다. 얼굴은 보이지 않고 J고 뱃지만 눈에 들어왔다.

"저, 얘기 좀 할 수 있어요?" 그의 손끝이 가늘게 떨렸다.

통학하는 버스에서 나를 몇 번 봤는데 한번 사귀어 보고 싶다고 더듬거리며 말했다. 고개를 숙이고 듣고 있던 나는 누군가 아는 사람이 지나다가 볼까봐 아무 말도 못하고 가던 길을 재촉했다. 그는 다시 앞을 가로막아 서며 내 팔을 잡았다. 깜짝 놀라 얼굴을 들어 그 남학생을 보는 순간 가슴이 쿵 내려앉는 소리가 났다. 하얀 얼굴에 커다란 눈, 하늘색 교복 상의 속에 받쳐 입은 하얀 셔츠가 눈이 시렸다. 온몸이 떨리고 말도 안 나왔고 발걸음을 옮길 수도 없었다. 겨우 정신을 가다듬고 우리는 지금 입시준비로 바쁜 고 3이니 입시 후에 만나자고 잘라 말했다. 그는 공부에 지장이 없고 오히려 같이 공부하면 능률도 오를 거라면서 나를 붙잡았다. 결국 좀더 생각해 보고 다음날 하굣길에 만나기로 하고 헤어졌다. 그러나 다음날 집에 오는 시간을 평소보다 훨씬 늦게 오면서 그를 피했다. 조마조마하며 며칠을 무사히 넘기자 좀 아쉬운 마음이 들기도 했다. 괜찮게 생겼었는데…….

여름 방학이 되어 학교 수업 보충으로 수학 강의를 학원에 나가서 들었다. 어느 날, 강의 도중 무심코 얼굴을 옆으로 돌렸더니 멀지 않은 자리에서 누군가 눈을 찡긋했다. 그였다. 그때부터 강사 선생님 강의는 들리지 않고, 가슴은 쿵쾅거리고 아무 생각이 나지 않았다. 강의가 끝나고, 어차피 같은 동네에 살기 때문에 빠져나갈 구실도 찾지 못해 버스 타지 말고 걸어가자는 그의 제안대로 걸어가기로 했다. 그는 실실 웃으

며, 피해 다니느라 힘들었겠다면서 본인도 학기말시험에다 방학에 계획된 일이 있어 잠시 관망하고 있었는데 우연히 수학 강의를 들으러 왔다가 나를 보고 쾌재를 불렀단다. 이건 신의 도우심이라고. 사실 나도 싫지 않은 감정이 마음속에 자리 잡고 있었다.

그렇게 우린 만나기 시작했으나 대학입시를 앞둔 상황이라서 가끔 집으로 돌아오는 시간에 만나 단골 빵집에서 단팥빵을 하나씩 물고 앞날을 설계했었다. 그는 경영학을 전공하여 기업의 CEO가 되겠다고 했고 나는 사범대를 가서 교사가 되겠다고 했다. 드디어 입시를 마치고 합격자 발표가 났는데 그는 서울의 일류대학 경영학과에 합격했지만 나는 원하던 대학에 낙방하고 말았다. 그는 본인이 합격한 기쁨보다 나의 낙방에 위로하느라 정신이 없었다. 그는 내게 재수하여 한 번 더 도전해 보라고, 도와 주겠노라고 내 마음 상하지 않게 많은 배려를 했다. 그러나 나는 재수를 포기하고 그냥 K시에서 후기대에 합격하여 다니게 되었고 입학식 즈음해서 그는 서울로 올라갔다. 신입생으로서의 생활이 서로 바쁜 가운데 연락이 뜸해지자 자존심도 상했고 나는 갈등이 생겨 그만 만나자고, 서로 자기 갈 길을 가자고 편지를 띄웠다. 편지를 받고 급히 내려와 나를 만난 그는, 쓸데없는 생각하지 말고 믿고 잘 지내고 있으라면서 다시 상경했다.

그가 없는 K시는 텅 빈 것 같았고 그가 다시 상경한 후 밀려오는 허전함, 미묘한 조바심이 자존심과 어우러져 고민이 되었다. 아무래도 내가 초라해 보이고 자신이 없었다. 생각 끝에 나는 짧은 편지를 보내어 결별을 통보했다. 그는 전화, 편지, 그것도 안 되니 직접 내려와 만나기를 간청했으나 전혀 응답하지 않았다. 어느 날 그로부터 당시 자정에 편성되었던 라디오 인기 프로그램인 '한 밤의 음악편지'를 들어보라는 편지가 왔다. 엽서에 사연을 적고 희망 음악을 신청하는 이 프로는 우리 또래의 애청자가 많았다. 그날부터 사연이 방송 될 때까지 매일 자정이면 라디오에 귀를 대고 기다렸다. 사흘째 되던 날, 그의 사연이 DJ의 목소리를 통해 흘러 나왔다. 나의 갑작스런 변화에 당황하였지만 다시 돌아올 것을 기다리겠다는 내용으로 기억된다. 신청한 노래는 외국 팝송을 가수 김세환이 번안하여 부른 노래로 〈잊지 못할 추억〉(Don't forget to remember me) 이었다.

....

그대 날 잊지 말아요 추억의 그 밤을
그대를 못 잊는 내 사랑 언젠가 나를 잊어도
나만은 그대를 영원히 못 잊어 못 잊어

나는 바쁘게 지내면서 그를 잊어갔다. 되돌아보면 변변히 내세울 만한 첫사랑, 가슴속 깊이 간직한 연분홍 첫사랑은 없었던 것 같다. 그게 억울하다고 꽃다운 나이를 뒤돌아보며 후회해 봤자 내 나이 이미 기울어가고 있으니, 다음 생生에서나 멋진 연애를 꼭, 꼭 해볼까 싶다. 그나저나 '첫사랑'을 글 과제로 내주신 우리 교수님은 제자들의 첫사랑을 엿보고 어쩌시겠다는 건지……. ㅎㅎ.

욥을 만나다

"우스 땅에 욥이라 불리는 사람이 있는데 그 사람은 온전하고 정직하여 하나님을 경외하며 악에서 떠난 자더라." (욥기 1장 1절)

욥은 슬하에 아들 일곱과 딸 셋이 있으며 재물은 넘쳐서 무엇 하나 부러울 게 없었고, 정직하고 신실한 사람이었다. 어느 날 사탄이 하나님의 축복을 받고 잘사는 욥을 시험해 보자고 한다. 모든 것을 잃고도 하나님을 여전히 공경할 수 있는지를……. 사탄의 제안으로 욥은 모든 재물과 자식들을 잃게 되는데도 "주시는 자도 하나님이시요 다시 가져가시는 이도 하나님이시라"고 하며 하나님을 원망하지 않았다. 사탄은 이에 물러서지 않고 건강을 빼앗으면 욥도 달라질 것이라 생각하여, 발바닥에서 정수리까지 종기가 나서 질그릇 조각으로 온몸을 긁어대고 굳어지게 만들었다. 욥에 내려진 재앙을 보며 주위에선 욥을 비웃고, 친구들은 무언가 죄를 지었으니 벌을 받는 것이라며 조롱하고 아내까지도 하나님을 욕하며 죽으라고 한다. 욥도 '내가 태어나지 말았어야 했고 그랬으면 이 고난을 겪지 않아도 되었을 것'이라고 괴로움을 토로하기도 한다. 그러나 한계를 뛰어넘은 욥의 절대적인 믿음은 하나님께서 못하시는 일이 없다는 것을 알았고, 함부로 말했던 자기주장을 거두고 잘못을 뉘우친다고 말한다. 욥기의 말미를 보면 욥은 시험당하기 전보다 훨씬 더 많은 복을 받아 재물과 자손도 번성하고 큰 축복 속에 장수하였다고 쓰여 있다.

평소에 성경을 잘 읽는 편이 아닌 내가 올여름 '욥기'에 빠졌다. 나는 주위의 신망이 두텁고 부러울 게 없는 삶을 살았던 욥, 모든 걸 잃고 고통 속에 빠졌던 욥, 다시 축복 속에 사는 욥을 나와 대비시키고 있었다. 욥은 절대적인 믿음으로 모든 고난을 이겨 냈지만, 나는 바르고 정직하고 착하게 살아왔는데 왜 이런 시련을 주시는지 모르겠다고 푸념을 했다. 물론 나의 잣대로 잰 정직함과 착함이었다. 갑자기 닥쳐온 어려움에 정신을 차릴 수 없었고 오랜 기간 수습을 하며 서러워했다. 악착같이 수단 방법을 안 가리며 남에게 아픔을 주는 사람에게도 축복 받는 삶이 주어지는 것을 보면서 형평에 어

긋난 것은 아닌가 싶고 과연 신이 나를 사랑하고 있는 걸까 싶었다. 나는 억울한 마음에 원망과 절망으로 시간을 보냈었다. 젊은 시절 풍족하고 아쉬울 게 없었던 생활을, 내게 주신 축복인 줄 모르고 저절로 내 노력으로 이루어진 양 거만하게 감사할 줄 몰랐던 내게 한참의 시간이 흐른 후에야 깨달음이 왔다.

돌이켜보면 내 인생의 시련은 욥의 시련에 비하면 아무것도 아닌데 왜 그리 힘들어했을까. 하나님은 나를 사랑하시는데 왜 그리 투정을 부렸을까. 욥은 인간적으로 도저히 상상조차 할 수 없는 큰 역경에도 꿋꿋한 믿음으로 결국 더 큰 축복을 받지 않았는가. 믿음이 약한 내게는 주님께서 먼저 내 손을 잡아 주신 것 같다. 차츰 내 마음도, 내 생각도 부정에서 긍정으로 바뀌어가고 조금씩 안정을 찾아가는 삶에서 감사의 마음을 갖게 되는 것을 보면……. 한바탕 혼돈을 겪으며 주변 정리도 되었다. 입 발린 찬사에 속없이 흥겨워하던 나. 그런 내 곁에서 맴돌다 위로 한마디 없이 멀어져 간 친지들. 나무가 가지치기를 하면 더 튼튼한 나무로 자라듯이 나도 가지치기를 하여 정말 좋은 가지, 좋은 벗들만 지금 내 곁에 남았다.

언젠가 TV에서 교통사고로 화상을 입고 죽음의 문턱까지 갔던 이지선 양의 대담을 보았다. 절망 속에 시간을 보내면서도 하루 한 가지씩 감사하기를 했단다. 눈썹이 돋아나는 것에 감사한달지 코와 이마에 새 살이 돋는 것에 감사, 문고리 잡고 문을 열 수 있었던 날의 감사, 목소리를 들을 수 있음에 감사 등등…. 감사의 마음이 내일을 살아가는 힘이었다고 한다.

인생을 살다 보면 늘 행복하지만은 않을 테다. 겉으로 환한 미소를 짓지만 마음속엔 근심 걱정으로 어둠 속에 잠겼을 수도 있을 것이다. 나도 한 때는 그랬으니까. 내 고통이 제일 커 보였지만 시간이 흐르면서 주변을 돌아보니 나보다 훨씬 큰 고통을 겪는 경우도 많이 보게 되었다. 그에 비하면 오히려 나는 감사할 일이 더 많았던 것 같다. 무엇보다 내게 건강을 주셨고 그럭저럭 착한 남편이 있고, 어려움이 닥치자 나의 힘이 되어주고 자기 길을 찾아 열심히 살고 있는 아들, 딸을 주심에 감사한다.

나는 올여름 욥을 만나며 내게 준 시련을 축복이었다고는 못하겠지만 감사와 긍정의 삶을 살아가는 굳건한 토대를 만들었다고 볼 수 있다. 옛날과 달라 요즘은 100세 시대라니 아직은 활발한 활동을 할 수 있으리라. 그렇다면 나도 아직 꿈을 꾸어도 좋겠다. 큰 축복의 삶을 위한 꿈을…….

4

100개의 눈을 가진 아르고스를 아시나요

사랑이 흘러가는 곳

만남

내 마음 아시죠

가파도를 걷다

봄날의 반란

위시리스트

100개의 눈을 가진 아르고스를 아시나요

그리스 신화에 나오는 아르고스는 100개의 눈을 가지고 있어서 언제나 깨어있었다고 한다. 한꺼번에 눈을 다 감을 수가 없어 번갈아 눈을 뜨고 항상 모든 것을 볼 수 있었다. 그래서 헤라는 제우스가 소로 변신시킨 애인 이오를 감시하게 했다. 이것을 알게 된 제우스는 헤르메스를 보내어 아르고스를 죽인다. 헤라는 아르고스의 죽음을 불쌍히 여겨 아르고스의 눈알들을 공작의 깃털에 하나하나 붙였다고 한다. 수컷 공작이 깃털을 활짝 폈을 때 깃털에 박힌 동그란 무늬가 아르고스의 눈이라니….

인간에게도 100개의 눈이 주어진다면, 그래서 늘 깨어있는 눈은 많은 것을 주시하고 있다면 우리는 무엇을 보고 느끼며 살까. 그 많은 눈 중에서 한 개라도 마음을 볼 수 있는 눈이 있다면 얼마나 좋을까.

사랑이 흘러가는 곳

"너를 향한 넘치는 사랑을 주체할 수가 없다. 이제 훌쩍 큰 키만큼 마음도 자라 믿음직하고, 생각 깊은 네가 든든하고 기특하다. 항상 몸도, 마음도 건강하고, 바르고, 선한 삶을 살고, 너의 큰 뜻을 이루어 빛나는 삶이 되고, 더불어 사는 삶, 베푸는 삶을 살기를 기도한다. 이제 고등학생이 되는구나. 너의 나이만큼 나는 쇠락衰落해지는 게 안타깝지만 그것이 순리인 것을. 우리 항상 웃으며, 밝게 긍정적으로 살아가자. 마음을 크게, 여유롭게 가지고……. 생일 축하한다."

새벽 세 시에 잠에서 깨었는데 이어질 잠이 아니었다. 참, 오늘이 녀석의 생일이지. 생일 축하 문자를 보내자, 생각하고 그 새벽에 축하 문자를 보냈다.

녀석은 나의 힘들었던 시간을 빛으로 바꾸어 놓았다. 반짝이는 재롱과 미소로 나를 늘 흐뭇하게 했다. 녀석이 초등학교 2학년 때이던가. 딸로부터 아침에 전화가 왔다. 녀석이 학교를 안 가겠다고 떼를 부린다고, 온갖 말을 해도 안 듣는다고. 나는 멀지 않은 딸네 집으로 급히 갔다. 녀석은 눈과 코가 빨개지게 울면서 이유도 없이 학교를 안 가겠단다. 나는 녀석을 안고 토닥거려 주면서 귀에다 조그만 소리로 "오늘 학교 다녀오면 터닝메카드 사다 놓을게." 했다. 녀석은 바로 눈물을 닦으며 두말 없이 학교를 갔다. 그 무렵 녀석이 빠져있던 변신하는 자동차 터닝메카드는 마트에 가서 줄서서 사야 할 만큼 인기였다. 집을 나가는 녀석을 보며 내 어깨가 얼마나 으쓱했던지…. 지금도 녀석은 가끔 나랑 함께 지내겠다고 주말이면 집으로 온다. 밤이 되어 나란히 잠자리에 누워 몇 년 전 둘이서 미국여행을 하던 중, 쓰레기 처리 문제로 내가 토라져서 샌프란시스코의 피셔맨즈워프를 다닐 때는 냉랭하게 다니다가 캘리코 은광촌에 와서야 서로 풀었던 얘기를 하면서 우리는 친구처럼 낄낄대고 웃었다. 녀석은 '할머니가 돼가지고 그 먼 타국에서 어린 손자를 상대로 냉전을 벌여야 했냐.' 고 웃으면서 투덜댔다.

얼마 전 내 심사가 답답해서 녀석에게 문자를 보냈더니 "삶의 목적은 행복하기 위함이에요. 돈 워리 비 해피(Don`t worry be happy)"라는 답이 왔다. 어느새 녀석이 내 인생

의 길잡이가 되다니.

녀석은 내게 마중물 노릇을 했던 것 같다. 지금도 녀석만 보면 나의 빗장은 열리고 마음은 부풀어 오른다. 녀석의 존재, 그 자체가 내겐 행복이니까.

어릴 적 기억되는 나의 외할머니는 머리에 동백기름 바르고, 반듯하게 가르마를 타고 은비녀로 쪽찐 모습이다. 조그만 얼굴에 쌍꺼풀 진 큰 눈, 말소리도 행동도 조용하셨다. 동그란 안경을 쓰고 책을 읽으시든지, 솜씨가 좋아서 집에서 유과도 만들고, 오징어를 가지고 꽃이며 봉황도 오리셨다.

나는 할머니 옆에서 자투리로 떨어지는 오징어를 집어먹기도 하고, 유과에 조청을 바르고 쌀 튀밥을 붙이는 옆에서, 떨어져 나오는 조각을 쉼 없이 주워먹었다. 나는 할머니가 쌀 튀밥을 묻히고 그 위에 대추, 잣, 까만 석이버섯을 가늘게 썰어 예쁜 모양으로 붙여 만든 맛있는 유과를 어디에서도 본 적이 없다.

외할머니 집 너른 텃밭은 나의 감수성을 길러

준 고향 같은 곳이었다. 감나무와 대추나무, 앵두나무가 있고 텃밭 안쪽엔 대나무 숲이 있어 밤이면 '사그락 사그락' 바람에 부딪히는 소리가 들려왔다. 밭에 푸성귀도 많아서 상추, 부추, 쑥갓 등을 솎아내고 고추, 가지, 토마토를 따면 주변 이웃들에게 갖다 드리는 것은 내 몫이었다. 나는 신이 나서 통통거리며 이집 저집 나누어 주고 다녔다.

내가 대학에 다니던 어느 날, 외할머니와 함께 TV를 시청하고 있었다. 화면에 당시 유행하던 미니스커트를 입은 젊은 아가씨들이 나오는 걸 보시더니 얼굴을 돌리며 "아니, 다 큰 처녀들이 부끄럽게 옷도 안 입고 어딜 돌아다니느냐." 며 혀를 끌끌 차셨다. 만일 요즘 TV를 보셨다면 어떤 반응을 보이셨을지 눈에 선하다.

직장에 다니고 결혼하고 내 생활에 바빠서 자주 찾아뵙지도 못한 채 우리 곁을 떠나신 외할머니 생각을 하면 죄송하기만 하다. 가끔 '탐진耽津최씨' 자손임을 자랑하던 고운 모습, 수줍은 듯 웃으시던 모습이 눈앞에 아른거린다.

나의 외할머니와 녀석의 외할머니가 된 나. 나는 지금도 정갈하게 손질한 한복 입으시고 내 손 잡고 마실 다니던 외할머니 모습이 눈에 선한데 녀석에게 외할머니인 나는 어떤 모습으로 남게 될까. 녀석은 나의 모습, 나의 생각, 나의 염려, 나의 기도 등 어떤 기억을 품고 살아갈까. 녀석에게 쏟은 사랑은 어디로 갈까. 사랑은 흐르고 흘러서 도달하는 곳이 어디일까.

만남

한 해가 마무리되려는 즈음, 한동안 소식이 끊겼던 J 언니로부터 딸애의 혼인을 알리는 청첩장이 날아왔다. J 언니는 대학 동기였지만 직장생활을 하다가 뒤늦게 대학 진학을 하여 2학년 때 법대 복학생이었던 L과 결혼했었다. 나는 청첩장을 앞에 놓고 가물가물 잊혀가던 40여 년 전 대학시절로 되돌아갔다.

대학 2학년 여름방학으로 기억된다. 어느 날, 우편함 속에 "K로부터"라는 낯선 편지가 눈에 들어왔다. 달필로 쓴 한문시며, 마음을 설레게 하는 글과 함께 직접 만나 얘기를 나누고 싶으니 약속 장소로 나와 달라는 것이었다. 글의 내용으로 보아 그는 키가 훌쩍 크고 지적인 모습일 것으로 상상되었다.

약속 장소에 도착하여 드문드문 앉아 있는 사람들을 둘러보는데 그럴싸한 사람이 눈에 띄지 않았다. 그러자 한쪽 구석에서 누군가 손을 들고 일어났다. 그는 작달막한 키에 무릎이 불거져 나온 바지를 입고, 둥근 얼굴에 굵은 뿔테 안경을 쓰고 있었다. 한 번도 본 적이 없는 낯선 얼굴이었다. 순간 되돌아 나오고 싶었지만 처음이라 일단 앞자리에 앉았다. 그는 군 제대하고 복학했으며 J 언니의 남편과 친구라서 나에 대한 얘길 많이 들었노라고 말했다. 나는 부풀어 올랐던 기대감이 여지없이 무너지고 있는 것을 느끼면서 그와 마주앉아 이야기를 더 나누고 싶지 않았다. 그래서 난 아직 어려서 이성과 교제하고 싶은 마음이 없다고 얘기하고 빠른 걸음으로 나왔다. 그 후 그는 간간이 일상적인 내용으로 편지를 보내왔지만 나는 답장을 하지 않았다.

대학 3학년 가을쯤, 그가 불쑥 집에 찾아왔다. 그는 어머니 앞에 무릎 꿇고 앉아 결혼을 허락해 달라는 것이었다. 난 어렸고 결혼을 얘기할 만큼의 사이가 전혀 아니었기에 부끄럽기도 하고 어찌할 바를 몰라 빨리 그가 우리 집에서 나가기만 바랐다. 이야기를 들으신 어머니께선 아직은 둘 다 결혼할 나이도 아니고 지금은 학생이니 졸업하고 직장이라도 결정되면 그때 다시 생각해 보자고 다독여 돌려보냈다.

그 후론 편지도 오지 않았고, 내 앞에 나타나지도 않았다. 시간이 흐르면서 그는 차츰 나의 기억으로부터 벗어나 멀어

져 갔다. 졸업을 앞두고 한동안 졸업논문 때문에 도서관에서 살다시피 하던 어느 날 갑자기 K가 보냈다는 웬 남학생이 약속시간과 장소가 적힌 쪽지를 들고 와 전해 주었다. 쪽지는 보자마자 버렸다. 그래도 두 번, 세 번 쪽지를 보내오기에 귀찮아진 나는 만나자고 한 장소로 나갔다. 그리고 이젠 주변에서 더 좋은 사람을 찾아보라고 말했다. 그는 이번에 모처에 공채로 합격하여 취직이 되었다고 이젠 만나도 되지 않느냐고 당당하게 말했지만 나는 단호하게 거절했다. 결국 졸업 후 행복하기를 바란다는 평범한 안부 편지를 끝으로 그와의 만남은 종지부(?)를 찍었다.

40여 년이 지난 오늘, 결혼식에 K가 올 것이라는 생각이 들자 그가 어떻게 변해 있을지, 또 지금의 내가 그에게 어떻게 비춰질지도 궁금했다. 결혼식 날. 난 빨간 투피스에 진주 브로치를 하고 평소에 안하던 눈 화장이며 볼연지까지 두드리고 예식장으로 갔다. 반가워하는 J 언니와 인사를 나누고 안으로 들어가자 가까운 라운드 테이블에 낯익은 친구들이 손을 흔들며 반겨주어 옆의 빈 의자에 앉았다. 주변을 빙 둘러보는데 바로 옆 테이블에 조금 긴장한 듯한 그가 앉아 있지 않은가. 그 순간부터 웬일인지 자연스럽게 행동하기가 어려웠다. 오랜만에 만난 친구들의 이야기는 건성으로 들으며 순서대로 나오는 음식에 열중하는 것처럼 행동했지만 정작 생각은 딴데서 맴돌았다.

아무래도 계속 앉아있기가 거북해서 다른 약속이 있다고 핑계를 대고 일어났다. 그 테이블 옆을 지나쳐 걸어 나오는데, 긴장해선지 발이 붕 뜬 것처럼 똑바로 걸을 수가 없었다. 정신을 바짝 차리고 걸음을 재촉하여 예식장을 빠져나왔다.

생각해 보면 나에게 그는 학교 동기였을 뿐이었지만 가까이 다가오는 그에게 매몰차게 대했던 미안함이 조금 남아있다. 그때 내 나이 스물한 살이었고 그 무렵 어느 누구에게도 마음을 열지 못했던 어린 나이여서 남자친구를 사귈 마음의 준비가 안 되어 있었다. 훗날 나이 들어 어쭙잖은 연애를 하면서 콩깍지가 씌워 지금의 남편을 만났는데 어쩌면 이것이 내 운명이었을까.

해가 거듭될수록 세고 싶지 않는 나이는 한 살, 한 살 저절로 늘어간다. 이젠 결코 풋풋한 청춘으로 돌아갈 수는 없는 그 시절 아련했던 영상들이 펼쳐진다. 순간순간 마음 설레고 연초록 새순처럼 상큼했던 날들은 다시는 오지 않는 귀중한 시간들이었다.

이제 지나온 페이지는 사랑, 눈물, 보람, 기쁨 등 내 삶의 색깔로 채워져 있으니 앞으로 남겨진 여백도 더욱 빛나고 멋지게 색칠해 볼까.

내 마음 아시죠

“이번 주말에도 또 애 데리고 놀러 가니? 그럼 일요일 가족모임은?”

“일요일 오후에 오니까 저녁에 모이면 돼요.”

“모처럼 다이어트 좀 하려고 저녁은 금식하려는데 하필 저녁에 모여?”

엄마의 목소리에 뾰족함이 묻어 나온다. 우리 식구들은 아무리 기를 쓰고 이 방법, 저 방법 다 써 봐도 다이어트에 성공한 적이 없는데, 지금까지도 미련을 못 버리신 모양이다. 어쩔 수 없이 엄마는 온 가족이 모이는 데 의미를 두고 당신이 희생(?)하시겠단다.

엄마는 성격이 너그러운 듯하시면서도 내가 결혼을 한 후엔 가끔씩 푸념 삼아 나를 공격하신다. 휴가나 주말에 우리끼리 놀러갈 때면 엄마에게 알리지도 않고, 같이 가자는 말도 안 한다고. 그렇지만 친구 부부와 애들이 모여 노는데 엄마가 오셔서 무엇을 할 수 있겠는가. 대신 가족들 생일이면 만나서 축하해 주고, 명절이면 휴가를 나눠 반은 처가, 반은 우리 식구들이 모여 시간을 함께 보내면 됐지, 더이상 뭘 어쩌라고.

나는 좀 늦은 나이에 결혼을 했다. 결혼 전, 중매쟁이들의 소개가 끊임없이 이어졌지만 후배의 소개로 지금의 아내를 만났다. 엄마가 내 아내를 처음 볼 때부터 좋아하고 흐뭇해 하셔서 다행이었다. 엄마는 아내가 애교도 많고, 사근사근하고, 딸처럼 허물없이 터놓고 얘기도 나눌 수 있으면 좋겠다고 하셨다. 그런데 아내는 결혼기념일도 잊고 다른 약속을 잡을 정도로 조금은 무심한 듯, 나름 신경은 쓴다지만 섬세한 배려는 없는 것 같다. 그러나 내 눈엔 예쁘고 사랑스럽다.

엄마는 아내가 무엇이 먹고 싶다거나, 애를 좀 봐달라거나 부탁하면 바리바리 싸들고 집에 오신다. 아내는 “어머니가 만들어 오신 반찬이 맛있다.” 면서 가져오신 것으로 상차림을 한다. 덕분에 나도 가끔 생각났던 엄마의 손맛을 모처럼 맛보게 된다. 이런 일거리를 만들어 부탁을 하는 것이 엄마에게 즐거움을 주는 걸까 하는 생각도 든다.

아이가 태어나자 자연스럽게 모든 스케줄이 아이 위주로 되다 보니 엄마는 우리 집의 위치가 불만이었다. 엄마는 자식들이 결혼하면 분가를 하더라도 가까이 살기를 원하셨는데 나는 아내의 뜻대로 아내가 오랫동안 살아왔던 동네에 집을 마련하게 되었다. 엄마는 애가 보고 싶을 때 자주 올 수 없게 멀리 집을 잡았다고, 벌써 아내 치마폭에 싸여 꼼짝을 못 한다고 반은 진심, 반은 농으로 말씀을 하셨다. 그러나 내가 살아오면서 엄마 아빠를 보고 배운 것 중 중요한 하나가 '아내 말을 잘 듣는 것'이니 어쩌랴.

어느 날은 자정이 다 되어 잠이 오지 않는다고 문자를 보내셨다.

"요즘 부러운 선배 언니가 있다. 아들 며느리에게 따로 분가해 살라고 해도 부득부득 함께 살겠다고 하여 합가했는데 그러다 보니 모든 스케줄이 부모님과 함께이더라.

나도 그런 꿈을 꾸었는데 닭 쫓던 개 지붕 쳐다보는 식으로 아무 힘도 못 쓰고 분가시키고 말았다."

문자를 보고 뭐라고 답을 보내겠는가. 엄마의 마음도 조금은 이해하지만 내 상황에서 아무 말도 할 수가 없었다. 다음 날 아침 평소처럼 전화를 드렸다.

"엄마 그렇게 부러워요? 우리도 자주 보잖아요. 또 사진이나 동영상도 보내드리고 영상통화도 하고……."

분가해서 살아도 나 정도면 양호한 편이라고 생각했는데 엄마는 만족이 안 되시는 모양이다. 그러나 나는 잘 안다. 서운해하시다가도 내 목소리만 들으면 금방 사그러진다는 것을. 엄마는 어제의 문자는 잊은 듯 아무렇지도 않게 일상적인 얘기만 하셨다. 그러면 그렇지.

엄마. 내 마음 아시죠? 그동안 엄마가 나만 바라보셨지만 지금은 세 사람이 엄마를 향해 늘 손짓하고 있잖아요. 쑥스러워서 사랑한단 말은 못 하겠어요. 엄마로부터 문자가 왔다.

"아들아. 때론 푸념도하고 투정도 부리지만 네 마음을 내가 왜 모르겠니. 너만큼 하면 잘하는 거지. 나는 무엇보다 너희 세 식구가 알콩달콩 행복하게 사는 것이 가장 큰 바람이다. 작은 부탁 하나 하려는데, 나도 누구처럼 꽃을 지폐로 싸서 만든 꽃 바구니를 받아보고 싶다. 아들아, 사랑한다. ♡×100”

가파도를 걷다

가을 축제가 끝난 가파도는 5월이면 청보리로 일렁였을 새봄이 오기를 기다리는 듯 말끔히 손질되어 있었고 그나마 시들어가는 해바라기밭이 축제의 끝을 메우고 있었다.

내가 초등학생이었을 때 어머니를 따라 제주도에서 사 년쯤 머물렀는데 그 무렵 교회에서 만난 오빠는 고등학교 2학년쯤 되었었나 싶다. 어머니는 교회 고등부 학생이었던 오빠를 아들처럼 챙겨주셨고 오빠도 어머니를 따랐다. 오빠는 가끔 우리 집에 왔을 때 어머니가 만들어 주신 불고기는 정말 맛이 최고였다고, 어느 크리스마스엔 털실로 짠 장갑도 선물해 주셔서 눈물이 나게 감사했고 지금도 잊지 못하고 있다고 말했다. 어릴 적 기억에 미남은 아니었지만 오빠가 있는 곳엔 늘 웃음이 터졌었다. 대학교수로 재직하다 정년퇴임한 오빠와 아내인 화가 언니랑 그때부터의 인연이 지금까지 계속되어 이젠 가족처럼 오빠, 언니로 지내고 있다.

지난봄 하늘나라에 가신 어머니는 일흔이 훌쩍 넘은 오빠인데도 늘 처음 보았던 대로 고등학생으로 대하셨다. 오빠가 몰래 담배를 피우던 모습을 목격하고 진노했던 어머니께 애걸복걸 빌었다는 얘기를 하면 소리내어 웃기부터 하셨던 어머니 생각이 난다.

오랜만에 제주에서 만난 오빠 내외는 가파도의 유명한 짬뽕을 맛보이고 싶다고 가파도에 가자고 했다. 모슬포항에서 5.5킬로미터 떨어져 있는 가파도까지는 여객선으로 십 분 정도 걸린다. 맑고 푸른 바다에 하얀 물살이 솟구치는 가파도로 향하는 배 안에서 언니는 남편을 어느 왕국의 술탄 모시듯 평생을 살았다면서, 그 바쁜 통에 잣죽까지 끓여서 대령했다고 투정 섞인 말을 내뱉지만 내면엔 사랑이 묻어나왔다.

우리는 소녀 같은 언니의 안내로 푸른 파도가 철썩이는 가파도를 걸었다. 반짝이는 눈과 웃음 짓는 얼굴로 벙거지모자를 눌러쓰고, 자그마한 꽃술이 붙어 있는 머플러를 두르고 에이프런 원피스를 덧입은 언니는 알프스의 소녀 하이디를 떠올리게 했다. 호리호리한 키에 은발이 매력적인 오빠는 청바지에 푸른 셔츠, 챙이 좁은 중절모를 쓰고 앞장서 걸어가는 뒷모습이 멋쟁이 청년 같다.

가파도를 관통하는 가운뎃길을 걷다 보니 어린 왕자가 노란 스카프를 목에 두르고 파도가 출렁이는 바위에 앉아 있는 그림이 걸린 천연 염색집 가게도 지나고, 돌담 위에 뿔소라 껍질과 전복 껍데기를 덧붙여 놓은 담장도 지나고, 배가 홀쭉한 길냥이가 야옹거리며 먹이를 찾는 모습도 보았다. 길의 끄트머리쯤 조그만 가게에 '해물 짬뽕'이라고 쓰인 큰 간판이 눈앞에 보였다. 식탁에 놓인 해물 짬뽕은 식탐이 적잖은 내가 보기에도 남겨야겠다는 생각이 들 정도로 큰 그릇에 산처럼 온갖 해물이 덮여 있었다. 소라, 전복, 홍합, 꽃게, 새우, 해초 등등. 바다가 통째로 들어 있는 짬뽕이어선지 맛있게 먹다 보니 바닥이 보였다. 미식가가 아니라도 먼 길을 찾아와 먹을 만하다는 생각이 들었다.

부른 배를 두드리며 해안도로를 따라 걸으니 산방산이 바로 코앞인 듯 가까이 보이고, 파란 하늘과 푸른 바다가 맞닿아 있어 수평선을 가늠하기가 어려웠다. 햇빛은 부드럽게 내리쪼이는데 바위틈에서 바람 따라 흔들리는 해국이 예쁘다. 이곳에서만 볼 수 있는 풍경인 듯 지붕 밑 처마 끝에 전복 껍데기를 붙여 놓고, 처음 보는 자색 조약돌로 쌓아 놓은 독특한 돌담도 보았다. 길을 따라 걷다가 바닷가에 드문드문 세워진 정자에 앉으니 이런 평화로움이, 아름다움이 어디에 또 있을까.

오빠는 "너랑 친한 사람들 명단 다 써서 보내라. 내가 맛있는 귤 보내줄게." 하며 싱긋 웃는다. 참 따뜻하다. 금방 식는 뜨거움이 아니라 은은히 오래가는 따뜻함이다. 어쩌다 친구들과 놀러 왔다가 안부 전화를 하면 달려 나와 우리 일행에게 맛있는 것을 사주기도 했었다.

천천히 담소하며 걷다 보니 어느새 배 타는 곳에 도착했다. 돌아갈 배를 기다리다가 자전거 대여소 앞 의자에 앉아 맞은편 푸드 트럭에서 만들어 준 홍차라떼를 마시며 가파도의 풍경을 가슴에 담고, 여기에서만 나온다는 청보리미숫가루와 말린 톳을 사 들고 배에 올랐다. 우리를 위해 오늘 하루 멋지고 따뜻한 감동을 안겨준 두 분에게 감사하면서 언제까지나 연인처럼, 오누이처럼 사랑하며 건강하게 지내시길 마음속으로 빌어 본다.

제주는 내 마음의 고향이다. 정겹고, 따스하고, 바닷내음이 나는…. 머무른 시간은 어린 시절 잠깐이었지만 관덕정, 칠성

통을 거쳐 다니던 학교 길은 늘 그립다. 얼굴이 하얗고 예뻐서 친구들이 서로 그 애 옆에 가려고 했던 숙희도 보고 싶다. 언덕 위에 자리 잡은 KBS 방송국의 어린이 합창단원으로 뽑혀 방송국을 드나들던 시절도 그립다. 단복인 수박색 주름치마에 하얀 칼라를 덧붙인 상의가 자랑스러워 일부러 학교에도 입고 가서 은근히 뽐냈던 그 시절이…. 이젠 가끔은 푸른 바다로 둘러싸인 가파도의 하루도 그리워하리라.

봄날의 반란

봄 밤, 자정이 가까워 오는 시각. 빠른 속도로 질주하는 차들을 따라 나도 규정 속도를 어기며 캄캄한 자유로를 달렸다. 아마 지금쯤은 나의 부재를 알고 깜짝 놀라 내 전화번호를 수 없이 누르고 있으리라. 난 꺼버린 휴대전화를 옆자리에 던져두고, 애타게 나의 행방을 찾고 있을 남편과 딸애의 모습을 상상하며 묘한 고소함이 온몸에 번졌다.

모처럼 일찍 퇴근한 남편과 저녁을 먹고, 거실에서 TV를 시청하고 있던 중에 애들 결혼 문제가 화제에 올라 얘길 나누다가 다투게 되었다. 나와 달리 남편은 며느리나 사윗감에 지나친 욕심을 부리는 것 같아, 시작한 다툼이 점점 비약하여 남편의 비현실적인 성격과 회사 경영 문제까지 비판했다. 남편은 주변 사람을 너무 믿는 게 탈이었다. 몇 번의 사기를 당한 전력이 있는 터에 이번에도 남편이 일을 벌이려 할 때

뭔가 미심쩍어 계약을 만류했었다. 남편은 당신이 뭘 아느냐며 덜컥 계약을 하고 선금까지 건넸는데 결국 손해만 크게 보고 말았다. 내가 이 문제를 다시 들춰내자 남편은 말없이 안방으로 들어가 버렸다. 씩씩거리며 혼자 앉았던 나는 화를 삭이지 못하고 오늘따라 늦게 귀가하는 딸에게 전화를 했다. 딸애는 집으로 돌아오던 중에 내가 좋아하는 치즈 케이크를 사려고 멀리 돌아서 오는 중이라고 했다. 다른 때 같으면 코맹맹이소리로 "그랬어? 조심해서 운전하고 와." 했을 텐데, "내가 치즈 케이크에 걸신들렸니? 한밤중에 그걸 먹게?" 벌컥 화를 내며 전화를 끊었다. 남편을 향한 화를 딸에게 쏟아낸 것이다.

눈을 말똥거리며 거실 소파에 누워 있던 나는 순간 발작처럼 집을 뛰쳐나가고 싶었다. 자리를 박차고 일어나 안방으로 들어가 누워 있는 남편이 알아차리도록 일부러 부시럭부시럭 소리를 내어 대충 옷을 갈아입고 자동차 열쇠와 휴대 전화를 들고 나왔다. 그리고 전화기의 전원을 꺼버린 채 자유로를 달렸다.

늦은 시각이었지만 일산의 로데오 거리는 네온사인이 휘황하고, 팔짱을 낀 채 거니는 젊은애들로 붐볐다. 로맨틱한 소품으로 치장한 카페에 들어가 차를 마시면서도 마음은 통

째로 집에 가 있었다. 지금쯤 집에 돌아온 딸애는 내가 없음에 놀라 아빠를 깨우고 내게 전화를 해 댔겠지, 생각하니 짧은 시간이나마 걱정하고 애닳아 했을 것에 난 통쾌한 마음이 들며 기분이 풀리는 느낌이었다. '이제쯤 확인해 봐야지. 부재중 전화 표시가 얼마나 많이 찍혀 있을까.' 를 상상하며 휴대전화를 켰다. 화를 내며 끊었던 딸과의 통화가 마지막인 채 그대로였다. '아니, 이럴 수가….' 오히려 나의 반란(?)을 무심한 척 즐기고 있었단 말인가. 괘씸한 마음에 즉시 딸에게 전화를 했다. "너, 집에 들어왔니?" "아까 들어왔잖아요? 엄마 주무시는 것 같아 불을 켜지 않고 그냥 제 방으로 왔는데요? 집에 안 계세요?" 딸애가 놀라서 뭐라 얘기하는 걸 더이상 듣지 않고 휴대전화를 꾹 눌러 꺼버렸다. 내 스스로도 유치하기 짝이 없는 말과 행동이었다. 어쨌거나 남편과 딸애의 무심함에 섭섭함이 묻어나 그냥 날 밝을 때까지 서성이리라 마음먹었다. 카페와 술집의 불빛은 환해지고 상점들은 하나 둘 조명등으로 바뀌어 한산해졌다. 혼자서 목적 없이 시간을 보내던 나는 마음이 허허로워짐을 느꼈다. 게다가 새벽으로 옮아가는 시각이라 사람의 발길이 뜸해지는데 혼자서 거리를 어슬렁거리기엔 시간도, 차림새도, 나이도 영 아닌 것 같았다.

시간이 흐르면서 졸리기도 하고, 집에서 초조하게 걱정하고 있을 남편과 딸에게 슬슬 미안해지기 시작했다. 전화를 확인하고 못 이긴 척 들어가야 할까 보다 싶어 휴대전화를 켜는 순간, 전화벨이 계속 울려대기에 슬그머니 전화를 받았다. "왜요?" "당신, 언제 나갔어? 깜빡 잠이 들었는지 나가는 걸 전혀 몰랐어. 미안해. 빨리 들어와. 어디야? 내가 그쪽으로 갈까?" 남편은 어쩔 줄 몰라 하며 나의 귀가를 채근했다. 딸애도 전화를 바꾸어 "엄마 주무시는 줄 알았어요. 빨리 들어오세요. 아빠가 지하 주차장을 다 찾아 헤맸단 말예요." 순간 별 일도 아닌데 한밤중에 뛰쳐나온 게 미안한 마음이 들어 전화를 끊자마자 집을 향해 속도를 내어 달렸다. 차가 주차장에 들어서자 나는 긴 한숨과 함께 남편을 향한 푸념을 날려 보냈다. 집에서 걱정하며 기다렸던 남편과 딸애에게 아무 말도 하지 않았다. 남편은 말없이 내 손을 꼭 잡을 뿐이었다.

생각해 보면 유치하기 짝이 없는 반란이었다. 그런데 가끔은 이렇게 남편을 애먹이는 것이 고소할 때가 있으니 나의 내면에 감춰진 이런 유치한 일탈을 누군들 상상할 수 있겠는가.

위시리스트

요즘 신문 칼럼이나 TV 드라마에서 종종 버킷리스트에 관한 내용을 본다. 버킷리스트는 알다시피 죽기 전에 꼭 하고 싶은 것들을 적어 만든 목록이다.

나는 무엇을 할까. 이것저것 생각을 해보다가 차라리 다음 생生에 다시 인간으로 태어난다면 '이렇게 살고 싶다.'는 위시리스트Wish List를 만들어보고 싶어졌다. 남은 인생에 몇 개의 행동지침을 만들어 실행하기보다는 인생 설계 자체를 송두리째 바꾸고 싶기 때문이다.

나는 남자보다는 그래도 여자로 태어나고 싶다. '아빠' 보다는 '엄마'라 불리고 싶고, '엄마'는 무엇과도 바꿀 수 없는 소중한 존재이니까. 자식들이 존경하고 사랑하는 엄마가 되려면 무한 헌신을 해야 되겠지. 더구나 요즘 같은 세상이라면 자녀가 완전한 자리매김을 할 때까지 정신적 · 물질적 지원은 어마어마할 텐데 괜찮을까. 아니면 아예 독신으로 어떤 한 분야의 커리어우먼이 되어 당당하게 튀어볼까? 예쁜 포메라니언이나 한 마리 키우면서.

거창하게 구국에 헌신한다거나 유명인사가 되어 세상을 떠들썩하게 만드는 것은 싫다. 나는 정치를 하는 일은 결코 없을 것이다. 선거철이면 깊이 고개 숙여 인사하던 사람들이 권력의 울안에 들어가자마자 어떻게 바뀌는지를 많이 보아왔기에 정치는 아예 관심 밖으로 밀어냈다. 신문이나 TV에서도 정치 쪽은 안 보고 넘겨버린다. 삶을 편안하게 즐기면서 주변 상황에 얽매이지 않고 어디로든 훌쩍 떠나 홀로 긴 여행을 하고 싶다. 자연이 살아 숨쉬는 아프리카로, 정원이 아름다운 도시로, 고즈넉한 산간 마을로……. 자유를 만끽하며 온 세상의 다양함 속에서 나의 존재가치를 저울질도 해보고.

맛있는 음식을 앞에 놓고 요리조리 재면서 먹지 못하는데서 벗어나 거침없이 먹고도 날씬한 몸매를 유지하고 싶다. 요즘 젊은 남자애들이 소개팅할 때 상대방 여자의 얼굴 못생긴 것은 봐주지만 뚱뚱한 건 못 봐준단다. 얼굴은 나중에 성형이라도 할 수 있는데, 몸매는 본인의 부단한 노력이 없으면 힘들대나? 뭐, 꼭 그들 생각을 내가 충족시키기 위한 건 아니고, 내 스스로도 사이즈에 구애 받지 않고 아무거나 입어도

척척 맞는 즐거움을 맛보고 싶다.

치매나 불치병에서 자유로운 건강한 삶을 살고 싶다. 내 건강 문제로 주위 식구를 힘들게 하고 싶지 않을 뿐 아니라 오히려 내 건강함으로 어렵고 불편한 이웃을 위해 봉사할 기회를 갖고 싶다. 백세에 가까우신 어머니의 쇠잔해가는 모습을 보더라도 더욱 절실하게 느껴지는 문제다.

가끔 예정에 없이 친지들이 들이닥쳐도 냉장고에 들어 있는 식재료만으로 당황하지 않고 솜씨를 내어 맛있는 요리를 만들어 내는 재주가 있었으면 좋겠다. 좋은 사람들과 즐거운 대화가 오가고, 거기에 빛깔 고운 복분자술 한잔 곁들여 내면 더욱 좋을 테고.

나만의 서재에서 좋은 글을 읽고, 가볍게 웃어넘기는 글이 아니라 심오하고 진지한 글, 내 마음과 철학이 담긴 진솔한 글을 쓰고 싶다. 누군가 내 글을 읽고 공감을 했다거나 감동을 받았다는 전갈을 받으면 더할 나위 없는 큰 기쁨이겠지.

무엇보다 정말 로맨틱한 연애를 한 번 해보고

싶다. 언젠가 예순이 넘은 할머니와 일흔을 바라보는 할아버지의 사랑 이야기를 들었다. 두 분 다 재혼이고 양쪽 모두 자식들이 출가해버려 황혼기에 접어 든 두 분의 사랑은 애틋했다. 이야기를 듣는 우리가 부러워할 정도로 할아버지가 할머니에게 프러포즈를 얼마나 멋지게 했는지……. 눈이 펑펑 쏟아지는 날, 강원도 어느 스키장으로 드라이브를 가서 눈 덮인 설원에서 무릎 꿇고 새빨간 장미꽃 다발을 할머니께 바쳤단다. 물론 그 안에 반짝이는 다이아 반지가 들어 있음은 물론이고. 그런 게 부럽다기보다는 진심으로 사랑하는 마음과 낭만적인 분위기가 좋다는 거다. 아니, 솔직히 그것도 부럽다.

누군가에게 나를 온전히 맡기고 기댈 수 있다는 것은 얼마나 큰 행복인가. 말하지 않아도 눈빛만으로도 서로의 마음을 헤아리고, 늘 곁에 있으면서 힘이 되고 의지가 되는 사람과, 늙어가면서 서로 다정하게 손잡고 해 질 녘 강가를 거닐 수 있다면 좋겠다. 난 그때 핑크색 스카프를 두르리라.

나이 들어 내 생生을 뒤돌아보았을 때 참 기쁘고, 보람 있고, 후회 없이 잘 살았다고 자부하는 삶이 되었으면 좋겠다. 그리고 내 몸을 스스로 지탱할 수 없을 때까지 살기보다는 몸도, 마음도 건강하고 잔잔한 행복을 느낄 수 있는 인생의 절정에서 죽음을 맞았으면. 그래서 많은 사람들이 오래도록 나를 그리워했으면 하는 바람은 너무 이기적인 욕심일까.

나름대로 대단한 설계를 할 듯싶었는데 우물 안 개구리라고, 그야말로 안일한 삶과 평범한 인생 설계일 뿐, 남다른 비범함이나 특별한 인생을 추구하는 것은 아닌 듯싶다. 누구나 내 인생이 힘들고 거친 삶이기를 원할 리 있겠는가. 어떻게 살아가는 것이 가장 바람직한 그림일까를 생각하면서 삶 속에 내 마음이 기쁨과 편안함 그리고 보람을 느끼면 되는 것이겠지.

5

감사

파이티, 파이팅!

기억의 창가에서

내 안의 나

잊히지 않는 일들

평화의 바람이 불었으면

감사

《그리움을 수놓다》 고맙습니다.

언니가 보내라는 말 안했으면 안 보냈겠네요. 笑笑

책을 받고 호기심이 일어서 “딸의 남자 친구”를 읽었습니다. 따님과 따님의 남자친구, 아빠와 엄마의 모습 (갈등에서 해결까지의)이 눈에 보이는 듯. 따님에게 보내는 엄마의 편지도 참 감동적이고 마지막 장에서 총각이 참 애교 있어 보입니다. 신 선생님의 어쩔 줄 몰라하는 그 행복한 모습. 아주 멋진 해피엔딩입니다.

그리도 춥더니 오늘은 좀 풀리는 것 같습니다. 좋은 글 많이 쓰시고 즐거운 명절 보내십시오. 안녕히.

2018. 2. 9 정진권

이렇게 이메일을 보내주셨는데 그 이듬해 고인이 되셨으니 참으로 안타깝습니다.

선생님. 제 두 번째 수필집은 받아보실 수 없으신가요.

선생님의 따뜻한 격려의 글은 받아볼 수 없는 건가요.

파이팅, 파이팅!

매일 저녁, 나는 병상의 어머니를 돌봐 드리고 집으로 돌아온다. 그날도 어머니의 눈길을 맘에 담고 집으로 돌아왔다. 집으로 들어가는 엘리베이터 문이 열리자 현관 앞에 쌓여진 몇 개의 박스를 보았다. 갑자기 가슴이 쿵쾅대는 소리가 귓가에 들렸다. 집안으로 박스를 옮기고 붙여진 테이프를 떼자 얼굴을 내미는 나의 첫 수필집 《그리움을 수놓다》. 순간 정지 상태가 되어 한동안 멍해 있다가 나도 모르게 감사기도가 나왔다.

평소 내가 버킷리스트로 꼽고 있던 수필집 발간이 이루어진 것이다. 십여 년 동안 모아두었던 내 글과, 그림을 전공한 딸의 작품을 컬래버레이션(collaboration)으로 엮어 상재上梓하였다. 연초에 글을 쓰면서 '꿈은 지금 내 곁에 있으니 이루어질 내 꿈의 세계를 향해 비상飛上해 보자.'고 했던 다짐이 해가 가기 전에 이루어진 것이다. 내게도 이런 기쁜 순간이 오는구나 싶고, 주저하고 망설이긴 했지만 결국은 내 스스로에게 참 잘했다고 칭찬하고 싶다.

집에 들어와 책을 본 남편은 본인 일인 양 기뻐하며 축하를 해주었다. 다음 날 아침, 병상의 어머님과 매일 들러 어머니를 살피시는 형부, 그리고 목사님께 먼저 책을 드렸다. 어머니는 가만히 책을 어루만지시며 눈물 글썽이면서 하고 싶은 말은 가슴에 채우시는 듯 말씀을 못 하셨다. 형부 역시 눈가가 불그레해지시면서 "고생 많았다."고 등을 토닥거려 주셨다. 언니는 "주옥같은 내용으로 독자들의 사랑을 받으리라 믿는다."는 글을 보내셨고 사위는 "글이 사람을 닮듯, 어머님의 책은 어머니의 인생, 사랑을 닮고, 또 담고 있는 듯합니다."라고 카드를 보내왔다. 아들 녀석과 며느리는 전화를 통해 "엄마, 축하해요. 함께 저녁 먹어요." 간단명료하게 축하를 해주었다. 딸애는 SNS에 글을 올렸다.

울 엄마의 꿈이었던, 딸의 그림이 들어간 수필집이 드디어 출간되었다.
어릴 적부터 문학소녀였고, 젊을 때 국어 선생님이셨고,
글을 써보는 게 막연히 꿈이었던 울 엄마.

… 중략 …

올가을, 할머니 살아계실 때 책 보여드리고 싶다고,
매일매일 병실에서 간호하고 틈틈이 손자들을 케어하며
바쁘고 피곤한 중에도 그간의 글들을 정리하셨다.
첫 수필집 발간의 꿈을 이루어내신 울 엄마, 참 대단하시다.
축하드리고 고마워요. 울 엄마 파이팅!!

내게 이런 행복을 안겨 준 데는 친구 같은 내 딸의 역할이 컸다. 열 아들 안 부러운 딸이다. 때론 은근히 애들 봐달라고 애교부리면 나는 못 이긴 척 손자들과 시간을 갖는다. 항상 곁에서 요모조모로 챙겨주며 책이 나오기까지 오·탈자도 같이 봐주고, 그림 위치도 잡아 주며, 편집 의논도 했다. 한동안 SNS에 올려진 댓글들을 내게 보여 주고 '좋아요' 수가 늘어날수록 신이 나서 내게 종알댔다. 내 조카는 고맙게도 몇십 권을 들고 가서 직장과 주변 친지들에게 직접 나누어 주는 수고를 아끼지 않았다.

그냥 꿈으로만 생각하고 막연히 할 수 있을까 고개를 갸웃했던 것들이, 바쁘고 피곤한 날들이었지만 한 꼭지 매듭짓고 나니 마음 가득 흐뭇하고 두루 감사할 일도 많아졌다. 점점 사그라져 가는 모닥불을 보는 것 같은 어머니를 생각하니 나만 이렇게 행복해도 되는 건가 싶다. 늘 나를 보고 싶어 하고 기다리시는 내 어머니를 위해 나도 "울 엄마 파이팅!!"을 외쳐 볼까.

내 인생의 가장 큰 꿈을 이루고 다시 또 다른 도전을 생각해 본다. 계속 되풀이되는 일상에서 올해는 무슨 꿈을 꾸어볼까. 지치고 고단할 때도 있겠고 남을 돌아볼 겨를이 있을까 싶지만 그래도 내게 주어진 것에서 어떤 형태로든 감사와 베풂의 삶을 살면서 나보다 이웃을 위한 봉사도 실천해 보고 싶다. 새롭게 떠오르는 태양을 보며 내 스스로에게 다짐의 파이팅을 외쳐본다.

기억의 창가에서

나는 카페 2층 창가에 자리 잡고 앉았다. 파니니와 카모마일을 시켜놓고 창밖을 내다본다. 오늘은 그동안 추진하던 일을 모두 마치고 복잡했던 일터에서 벗어나 한가롭게 브런치를 즐기기로 했다.

창밖에 가지를 펼치고 서있는 우람한 나무를 보니 저 나무는 몇 살일까 궁금해진다. 인간의 수명은 길어야 백 년을 보는 반면, 주변에서 쉽게 볼 수 있는 나무들은 수령이 일, 이백년을 넘긴 게 많다. 시골의 마을 어귀를 지키는 고목은 몇백 년을 변함없이 그 자리에서 우리의 삶을 지켜보았을 테고 제주도의 비자림은 500~800년생 비자나무가 밀집되어 숲을 이루고 있다고 한다. 생텍쥐베리의 《어린왕자》에서 읽었던 "뿌리가 땅속 깊이 파고들어가 별을 관통해 버릴 수가 있어 별을 산산조각으로 부숴 버릴 수도 있을 것"이라는 몇 천

년 된 바오밥나무도 있다.

나무는 봄이 되면 싹을 틔우고 여름이면 무성함을 자랑하고, 가을이면 마지막 절정에서 모든 매력을 한껏 발산하며 불태운다. 그리고 겨울이 오면 아낌없이 모든 걸 내려놓고 다음 봄을 기약하며 나목裸木이 된다. 마치 영생의 삶을 약속하듯이.

인간의 삶은 어디까지가 끝이고, 무엇에 영향을 받아 장수하는 것일까. 인간은 장수를 추구하기보다는 살아가는 동안 내가 남긴 자취가 무엇인가에 영향을 주었다면 그것이 삶의 보람이고 기쁨이 아닐까.

최근 지인들과 함께하는 단톡방에 21세기의 천재로 56세에 췌장암으로 생을 달리한 스티브 잡스의 마지막 남긴 메시지가 올라왔다. 스티브 잡스는 "타인의 눈에 내 인생은 성공의 상징이다. 하지만 일터를 떠나면 내 삶에 즐거움은 그리 많지 않다." "지금 이 순간에 병석에 누워 나의 지난 삶을 회상해 보면, 내가 그토록 자랑스럽게 여겼던 주위의 갈채와 막대한 부는 임

박한 죽음 앞에서 그 빛을 잃었고 그 의미를 상실했다." 그래서 "평생에 내가 벌어들인 재산을 가져갈 도리가 없고 가져갈 수 있는 것이 있다면 오직 사랑으로 점철된 추억뿐이다."라고 했다.

그는 가족, 부부, 이웃을 향해 사랑을 귀히 여기라고 말을 맺었다. 누구에게나 찾아오는 죽음 앞에서 숙연해지는 내용들이다. IT 업계의 큰 업적과 그가 쌓아올린 부는 사회의 공헌으로 남아있겠으나 본인의 손에 마지막으로 쥔 것은 '사랑'이었다.

내 곁을 떠나신 지 벌써 3년이 지난 어머니 생각이 난다. 어머니는 늘 무엇인가를 손에서 놓지 않고 무언가를 만들어 내셨다. 한때는 흰색 구정뜨개실로 우리 삼남매의 테이블보나 이불보를 떠주시고, 아이보리색 털실로 끝부분을 하트형으로 마무리한 목도리를 떠서 손주들에게까지 모두 나누어 주셨다. 또 빨강, 파랑 비단 천에 명주실로 모란꽃과 목숨 수壽와 복 복福자를 수놓아 복주머니를 만들어 주시며 "손끝이 가슬거리면 실이 걸려서 수놓기가 힘들다." 하셨다.

가시기 얼마 전까진 몇 십 개의 손부채를 사오라셔서 사인 펜과 함께 갖다 드리면 앉은 자리에서 여러 개의 그림을 그리셨다. 꽃과 나비, 거기에 맞는 성경구절을 써 넣거나,

나무와 새 등 주변에 보이는 모두가 그림감이 되었다. 내가 본 어머니의 부채 그림 중 제일 걸작은 공산명월, 매화, 벚꽃 들을 그린 화투 패였다. 그려놓은 부채는 어머니를 찾아오신 분이나,

어딘가 외출하실 때면 들고 나가셔서 만나는 분들에게 선물로 주었다. 어머니는 그렇게 뭔가를 열심히 하셨고 항상 감사하는 마음으로 주변에 많은 걸 나눠주시길 좋아하셨다. 아마 그래서 어머니는 몸도 마음도 건강하게 103세까지 우리 곁에 머무르셨나 보다.

나는 나의 지나간 시간을 뒤돌아본다. 기쁘고, 슬프고, 아쉽고, 힘들고, 애틋했던 순간들이 어제인 양 떠오른다. 때론 무기력함과 외로움으로 누군가에게 손내밀고 싶었던 순간들도 있었고, 조금씩 소소한 희망을 보면서 누군가의 버팀목이 되어줄 수도 있었다. 누군가에게 미안했던 일, 누군가를 마음 아프게 한 일, 괜한 질투나 원망으로 괴롭힌 일, 받기만 하고 갚지 못한 감사의 마음을 전하지 못한 일도 가슴에 남아있다. 먼 후일, 어디에선가라도 마주친다면 두 손 따뜻이 잡아주고 싶다.

어느새 한 해를 보내고 새해를 맞이하면서 내안에 긍정과 내려놓는 삶을 지향하고 싶다. 마무리를 앞두고 있는 내 인

생의 그림이 마지막 붓을 놓는 시간, 한 폭의 아름다운 수채화가 완성되었음을 보고 싶다.

내 안의 나

참 얄궂다. Y 선생님의 권유로 회원가입을 하고 매년 회비를 꼬박꼬박 내면서 몇 년이 지났음에도 행사나 모임의 결과물만 우편으로 보낼 뿐, 안내나 연락도 없었다. 내 발로 찾아다니며 활동할 성격도 아니고, 괜히 매년 회비나 내고 어쩌다 문학지 받아보는 것으로 의미가 없어 보였다. 며칠 전 선배언니를 만났을 때 얘기를 나누며 내년엔 탈퇴하겠노라고 단호하게 말했다. 내 속내를 눈치라도 챈 듯 어느 날 이메일로 원고청탁서가 왔다. 엊그제까지 맘먹었던 결심이 흔들리는 순간이다. 어째야 하나. 생각했던 대로 모른 척 원고를 보내지 않고 탈퇴를 해야 하나, 원고청탁을 받았으니 즐거운 마음으로 한 편 써서 보내야 하나. 잠깐 머릿속이 복잡해졌다. 그러나 어느새 나의 손은 기한 안에 원고를 보내겠노라고 컴퓨터 자판을 두들기고 있었다. 참, 나.

뒤돌아서려는 나를 교묘한 순간에 붙잡는 바람에 이젠 코를 꿴 건지, 발을 걸친 건지, 그냥 빠져나올지는 나도 모르겠다.

요즘 등단하는 작가들의 글을 보면 난蘭을 치며 묵향墨香 속에 내면의 깊은 세계를 그린 글이나, 제주도살이를 하면서 오름을 오르며 오묘한 자연을 파헤친 신선한 글들이 많다. 그런 글을 읽고 있노라니 신변잡기적인 밋밋한 내 글과 비교되어 스스로 실망이 느껴진다. 나도 음악이나 그림에 깊은 조예가 있다거나 어느 전문적인 분야에 지식이 있어 우리의 일상과 매치시켜 나만의 독특한 세계를 깊이 있게, 공감이 가는 글을 쓸 수는 없을까.

글뿐만 아니라 이 나이가 되도록 살아오면서 나는 어떤 사람이었을까 자문해 본다. 지나온 내 인생의 편린片鱗들이 수면 위로 떠올라 고개를 내민다.

어린 시절 바람난 아버지의 부재를 용케 잘 버텨내며 살아왔지만 마음 밑바닥에 가라앉은 모자람에 대한 채움의 갈망은 소용돌이치며 늘 일렁거렸다. 그러나 이젠 그런 것들이 아무 의미가 없음을 알았다. 모두 세월의 흐름 속에 씻어 내려가는 것임을.

사십여 년 전, 교편을 잡고 있던 시골학교에서 한 학생이 등록금을 못내 힘들어하는 걸 알고, 살그머니 내주었음에도 정작 당사자로부터 고맙다는 말 한마디 듣지 못한 게 지금도 가끔 생각이 나고 아쉬움이 남았다. 주는 기쁨을 맛보는 것으로 만족해야 할 것을, 어쩌면 내 마음의 그릇이 작아서였을까. 지금쯤 어디서 잘 살고 있을까 궁금하기도 하다.

주변에서 열정적으로 글을 쓰고 책을 발간하는 것을 보면서, 각종 기관에서 문학상을 수상하는 것을 보면서 아무렇지도 않은 척 부러운 마음을 감추고 나름 자부심을 갖는 모순을 또한 본다. 나를 알아주고 인정받기를 원하면서 내가 듣는 찬사에 취해서 겸손을 가장한 잘난 척하는 끼를 볼 수도 있었다. 생각해보면 하찮은 치기稚氣가 나를 감싸고 있었던 게 아닌가.

한편 시간이 흐를수록 내 삶에 소소한 거리낌이 생긴다. 누가 되었든, 무엇이 되었든 헤어진다는 것이 싫다. 내 곁에 머물던 사람이 어느 날 홀연히 떠날 때도, 마음을 빼앗겼던 꽃들이 지던 날도, 십여 년 타던 차를 폐차장에 두고 올 때도 서러움이 덮쳤다. 언젠가는 헤어져야 하는 것이 두려워 강아지 한 마리 키우지 못하는 내 마음. 달리기며 줄넘기도 주저없이 할 수 있었던 다리가 이젠 계단 오르내리는 것도 힘들어진 나의 현실이 안타깝고 아쉽다.

TV에서 요즘 인기 있는 젊은이들을 보면서 마치 내 연인이 된 듯 착각 속에 빠졌다가 정신이 들면 내 아들뻘, 손자뻘을 두고 마음이 가고 있었음에 스스로 멋쩍은 웃음을 웃곤 한다. 마음은 아직도 풋사과 같은 청춘인데 주변의 시선은 영락없이 할미꽃으로 보는 것 같다. 지금이라도 내 젊음(?)이 이대로 멈추었으면 하는 바람이 왜 이리 간절해질까. 참 부질없는 생각임을 알면서도 가능하다면 안간힘이라도 써 보고 싶다.

내가 지금까지 어떤 길을 걸어 왔고 내 인생에 남겨진 퍼즐을 어떻게 맞추며 남은 생生을 가야 할까. 다만 바람은 야트막한 내 삶의 깊이가 그래도 보람 있었고, 누군가의 기억에서 괜찮은 사람, 멋있는 사람으로 남았으면 좋겠다. 많은 사람이 고개를 끄덕이며 빙긋이 미소 지을 책 한 권 남겼으면 좋겠다. 시간이 갈수록 급한 마음에 비례해서 바람만 많아진다.

연분홍 매화꽃이 꽃망울을 톡톡 터뜨리며 향기를 내뿜는 아침이다.

잊히지 않는 일들

오랜 세월을 살아오는 동안에도 잊히지 않는 일들이 있다. 마음 아프기도 하고 죄송스럽기도 했던 일들, 한편으론 내가 억울했던 일들. 이젠 되돌릴 수도 없어 그저 안타까운 생각으로만 맴돌다 바쁜 생활 속에 파묻혀 문득문득 떠오르는 일들이 있다.

대학 입학 시험을 치른 후 호남선 기차를 타고 집으로 내려가던 날이었다. 친구와 재잘대며 잡담을 나누고 있는데 김제쯤 왔을까, 무거운 보따리를 머리에 인 할머니가 옆으로 다가오더니 '이 다음 역이 신태인역이냐.'고 물었다. 밖을 살펴보니 '신태인ㅇㅇ'라는 상호가 보였다. 그래서 그렇다고 대답하고는 다시 친구와 재잘거리는 통에 멈추어 선 정거장을 보지도 않았다. 나는 그 다음 역에 와서야 무심코 창밖을 보다가 깜짝 놀랐다. 그제야 '신태인역'이었다. 그렇다면 아까의 그

할머니는 무거운 보따리를 이고 한 정거장을 먼저 내리셨는데 신태인을 찾으려고 고생이 얼마나 많았을까. 잘못 일러준 나를 얼마나 원망하셨을까. 잘 알지도 못하면서 덤벙대다가 할머니께 큰 고생을 시키다니…. 그 때문이었을까? 그 해 나는 대학시험에 떨어졌다. 할머니에게 잘못 일러드린 불찰 때문이 아닐까 하는 생각이 내내 나를 떠나지 않았다.

결혼을 하고 몇 해 지난 가을날, 친지로부터 백문조 한 쌍을 선물 받았다. 예나 지금이나 새에 대해선 무지한 편이지만 애들의 정서에도 좋겠다 싶어 베란다에 분홍빛 새장을 사다 놓고 키웠다. 그러나 특별한 관심을 쏟았다기보다는 새에게 좁쌀이나 물, 채소 잎을 넣어주는 정도에 불과했다. 암수 한 쌍이었던 백문조는 참 잘생긴 새였다. 윤기 나는 하얀 털에 동그란 눈을 깜박거리며 고개를 갸웃거리던 모습은 지금도 눈에 선하다. 어느 날 아침 느지막이 베란다 창문을 열고 새장을 들여다보던 나는 깜짝 놀랐다. 두 마리 다 새장 바닥에 널브러져 죽어 있는 것이 아닌가. 나는 어찌할 바를 몰랐다. 갑자기 찾아 온 추위에 전혀 신경을 쓰지 못했던 내 불찰이었다. 새에게 돌이킬 수 없는 잘못을 저지른 것이다. 마음이 아파오면서 아무 생각이 나지 않았다. 날씨가 추워졌다고 나는 두꺼운 옷을 꺼내 입으면서, 새는 그 추위에 베란다에 그냥 두었으니 주인인 나를 얼마나 원망했을까.

불가에서 말하듯이 세상만물이 윤회輪廻한다면 내세來世에서는 어쩌면 백문조가 될지도 모른다는 생각이 들었다.

현충일을 앞 둔 6 월 초. 나는 우리 반 학생들을 데리고 국립묘지(지금의 국립 현충원)에 가서 순국선열 및 호국 영령들의 묘비를 닦고 주변 청소 등 봉사활동을 하고 있었다. 나는 그 무렵 첫딸의 출산 예정일이 가까워서 만삭의 몸이었다. 그 날은 유난히 뜨거운 불볕더위로 한여름을 무색게 했다. 나는 눈이 부셔 선글라스를 쓰고 학생들과 묘소 주변을 정리하고 있었다.

"아니, 선생이란 사람이 여기가 어딘데 선글라스를 쓰고 일을 하느냐."는 날카로운 음성에 깜짝 놀라 돌아보니 나이 지긋하신 아주머니가 나를 보고 쏟아내는 말이었다. 순간, 겸연쩍게 선글라스를 벗었고 놀라 바라보는 학생들 앞에서 얼굴이 확 달아오르며 무어라 말 한마디도 못하고 하던 일을 계속

했었다. 그러나 시간이 지나도 그 아주머니의 음성이 귓가에 서 뱅뱅 돌았다. 교사로서 학생들 앞에서 창피를 당한 것 같아서 속이 상했다. 내가 국립묘지에서 선글라스를 쓴 게 그리 잘못된 행동이었나 싶기도 하면서 조금 억울한 마음이 컸다. 시절이 바뀌어 요즘이라면 거기에서 선글라스를 썼다고 나무랄 사람은 없을 것 같은데.

어찌 이런 것들뿐이겠는가. 내 기억 속에 조차 남아있지 않은 상태에서 나로 인해 마음 아팠거나 상처 입은 경우도 있었을 텐데. 지금껏 살아오면서 나의 자로만 재며 판단하고 우겼던 상황 또한 얼마나 많았겠는가. 뒤돌아보면 보이는 것들이 앞만 보면 왜 보이지 않는 걸까. 살아갈수록 아쉽고 반성할 것이 많아지니 이를 어째야 할까.

결국 이렇게 잊히지 않는 일들만 세월 속에 쌓여가나 보다.

평화의 바람이 불었으면

원고 청탁을 받고 여러 날이 지났지만 며칠째 아무것도 할 수가 없었다. 많은 생각이 머릿속에서만 맴돌 뿐, 선뜻 밖으로의 표출을 머뭇거리는 건 왜일까.

후텁지근한 날씨에 감질나게 불어오는 바람을 맞으며 도착한 제주 4 · 3 평화공원. 모처럼 제주에서 개최된 수 · 비세미나의 마지막 일정이었다. 넓은 광장에 나란히 줄지어선 몇 그루의 나무와 그 옆에 설치된 의자들이 나를 맞았다. 별 생각 없이 평화기념관을 둘러보다가, 나는 같은 민족으로서 너무 무관심했고 무지했던 나 자신을 뒤돌아보며 차마 고개를 들고 기념관 안의 사진과 글들을 읽어 내려갈 수가 없었다. 오랜 세월이 지난 사건을 해설사의 설명과 함께 영상자료, 사진들을 보며 한숨이 새 나오고 가슴이 꽉 막힘을 느꼈다. 오순도순 살던 같은 마을 사람들끼리 이념이 대치된 와중에 왜 선량한 백성들이 곤욕을 치러야 했던가.

제주도 토박이로 조부모님들이 직접 겪었던 아픔을 알고 있는 내 친구는 차라리 글을 쓰지 말랬다. 나의 어쭙잖은 역사의식과 외부에서 바라보는 관점의 차이를 염려해서였을 게다. 외할아버지는 죽창을 맞고 그 자리에서 돌아가시고, 외삼촌은 벽에 머리를 부딪쳐 평생 저능아로서의 삶을 살아야 했다고. 순식간에 맞닥뜨린 현실에 외할머니의 가슴 아픔은 표현할 길이 없단다. 당시 서로를 죽여야 하고 마을 사람끼리 고발을 해야 살아남았다는 어처구니없는 역사는 누구의 잘못일까. 더구나 한동네 사람 모두, 한 날 한 시에 끌려가 죽임을 당해 같은 날에 제사를 한꺼번에 마을 전체가 지내는 경우도 있다 한다.

누군가 '제주인들에게 4 · 3 사건의 진상규명은 단순한 역사가 아니라, 자신의 아버지, 어머니, 형제가 왜 죽었는지 그리고 그들이 빨갱이가 아니었다는 것을 증명하는 피맺힌 절규이며, 한과 설움을 가슴에 담고 제대로 소리 내지 못했던 제주도민들의 외침'이라고 했다. 희생자 가운데 어린이 희생자가 11.9% 이었다니 어린이가 빨갱이였을 리 만무한데……. 거기에 여성과 60세 이상의 노인들도 많았다 하니 이들을 무자비하게 학살한 가해자는 누구란 말인가.

4 · 3 사건을 경험한 유족들에 따르면 "좌익도 우익도 자기 마음에 안 들면 마구잡이로 죽여 버리는, 완전히 미쳐버린 세상이었다." 라는 회고의 글을 읽은 적이 있다. 7년여 세월 동안 불안하고 고달팠을 날들, 옳고 그름을 누구도 표현할 수 없었던 날들을 어찌 지냈을까.

젊은 나이로 세상을 떠난 제주 출신 김경률 영화감독은 독립 영화 〈끝나지 않은 세월〉을 2005년에 개봉했다. 이 영화는 어린 시절 4 · 3을 겪었던 10살짜리 형민이의 가족 이야기라 했다. 나는 이 영화를 보지 못했는데 그는 시사회 때 무엇을 담고 싶었는지를 물었을 때 "4 · 3을 겪은 어르신들은 누가 자신들의 형제를 밀고하고 죽였는지, 어느 경찰이 마을 주민들을 괴롭혔는지 다 알고 있다. 당시에는 설령 시대적, 정치적 혼란 속에서 일어난 일이었다고 하더라도 가해자들은 이제는 인간적인 양심에서 잘못을 뉘우치고 사과를 해야 한다. 그래야만 화해를 할 수 있다. 그러나 현실은 어떠냐. 그들은 아직도 침묵으로 입을 다물고 있다."라고 답했다고 한다.

고故 노무현 대통령은 2006 년 4월 3일, 제주 4 · 3 사건 희생자 위령제 추도사에서 "무력 충돌과 진압의 과정에서 국가 권력이 불법하게 행사되었던 잘못에 대해 사과한다." 라고 했었다. 늦은 감이 있지만 그래도 명확한 진상 규명과 억울하게 가신 영령들의 한을 풀어야 하고 이념 논쟁을 떠나 유족들의 보상 문제 해결도 급선무인 것 같다.

오늘 아침 외출 준비를 하며 무심히 듣고 있던 뉴스에서 4 · 3 사건에 관한 아나운서의 보도에 귀가 번쩍 뜨였다. 예전 같으면 그냥 무심히 넘겼을 텐데……. 유족회의 건의에 따라 희생자와 유족의 신고를 추가로 받는다고. 현재까지 신고된 희생자는 1만 4천여 명이고 유족은 3만 1천여 명이라고 했다. 각종 자료에 따르면 희생자가 3만 여명에 이른다고 알려져 있는데 많은 분들이 왜 아직 신고를 하지 않았을까, 아님 못했을까.

이제는 평화공원의 조성 목적에서 볼 수 있듯이 "4 · 3의 역사적 의미를 되새겨 희생자의 명예회복 및 평화와 인권의 성지로서 상생과 화합의 정신으로 승화 · 발전시키는" 우리 모두의 관심과 노력이 필요한 때이다. 정말 다시는 우리 땅에서 이와 같은 비극이 일어나는 일은 없어야겠다.

이 글을 쓰기 시작할 때 고개를 가웃거렸던 나는, 깊은 곳까지 들여다보고 난 후의 가슴 먹먹함이 오래도록 가시지 않을 것 같다. 제주를 다시 찾는 날. 4 · 3의 억울한 영령들께 향기로운 꽃 한 다발 바치리라. 이제부터라도 제주의 모든 도민들 가슴에 평화의 바람이 불었으면…….

6

언니는 유튜버

고향길

조율은 타협하기

남의 편

사랑의 향기

감사의 날들

언니는 유튜버

“1939년생 할머니입니다.

일흔이 다 되어 작은 디지털 카메라로 자연과 꽃이 좋아 사진을 찍기 시작했습니다. 그동안 찍은 사진을 주제별로 동영상을 제작해 보았습니다.

직접 만나지 못해도 소소한 일상의 사진으로 행복을 전합니다.”

이렇게 언니는 1년 전쯤 ‘모임당의 행복한 사진편지’로 유튜버 활동을 시작했다. 미수米壽를 바라보는 나이임에도 그동안 찍어둔 사진이 많아서 이왕이면 많은 분들이 감상하고 오래도록 보존하자는 딸의 응원과 설득에 용기 내어 발을 내디뎠다.

언니가 나이와 상관없이 즐겁게 사진을 찍고, 사진을 고르고, 거기에 맞는 음악을 고르면서 시간을 보내는 것이 참 좋다. 오래도록 활발한 제작으로 많은 분들이 구독해주고 힘을 실어주어 몸도 마음도 젊음을 유지하기를 응원하고 박수를 보낸다.

오늘 올린 동영상은 ‘이타미 준의 작품세계’로 제주의 수풍석 박물관의 신비한 모습을 소향의 노래 ‘You raise me up’을 곁들여 화면을 채웠다.

· · · · · · ·

날 일으켜 주세요

더 강한 내가 될 수 있게요.

고향길

오늘도 이른 아침 H가 보내온 동영상을 보며 아침을 시작한다. "누나, 오늘도 행복하시길." 문자와 함께 사라사테의 〈지고이네르 바이젠〉을 보내왔다. H는 거의 매일 장르를 불문하고 클래식, 팝송, 가요나 가곡을 보내주고 때론 본인의 그림과 시도 보낸다.

H는 화가, 시인으로 활동하면서 광주 양림동에서 미술관을 운영하고 있다. 어린 시절 이웃에 살면서 가족처럼 지냈기에 그 곳을 떠나온 지금도 연락을 주고받는다. 언젠가 광주를 떠나온 지 오십 년이 되어 내가 살던 곳이 어떤 모습으로 남아있을까 궁금하다고 했더니 H는 한번 내려오면 안내해 주겠다고 했다.

마음먹고 날을 잡아 새벽에 길을 나섰다. H도 만나고 나의 청춘시절을 보낸 나의 터를 돌아보고 싶어서. H의 미술관에 도착했을 때 그는 예쁘장한 아내랑 기다리고 있었다. 아담하고 따스한 공간에 H 특유의 붓 터치로 푸른 바탕 위에 강렬한 붉은 꽃이 그려진 작품이 전시되어 있었다.

H는 그동안 맹렬하게 살아온 삶에 휴식을 주고 싶어 2년 전 안식년을 맞아 조지아의 트빌리시로 날아갔단다. "일 년 내내 아무도 모르는 곳에서 하루 한 장의 그림, 한 편의 시를 썼어요. 너무 힘들긴 했어도 지금은 그 시간이 그립네요."라고 했다. 그는 트빌리시에서 작업한 그림과 시를 모아 시화집을 발간했다면서 내게도 한 권을 주었다.

그 지역 터줏대감인 H의 안내를 받아 내가 꿈에도 그리던 길을 따라 걸었다. 어린 시절 교회로 가는 언덕길엔 플라타너스가 줄지어 서 있었고 언덕을 내려가자마자 내가 살던 집이 있었다. 그러나……. 커다란 잎사귀로 그늘을 만들어 주어 땀을 식히며 걸을 수 있었던 여름. 가을이면 왕사탕 같은 둥근 열매로 친구들과 장난질하며 뛰어다니던 플라타너스 언덕길은 자취도 없이 시멘트로 포장된 좁은 골목길로 변해버렸고 빨간 벽돌로 지어진 교회는 아파트에 둘러싸여 새롭게 신축되어 동그마니 서 있었다. 내가 살던 집터도 흔적도 없이 조그만 공원이 자리 잡고 있었다. 오십 년 세월에 이렇게 변해버렸을까. 어쩌다 꿈속에서 보였던 옛모습을 이젠 마

음속에 담아두어야 하나보다.

꿈을 아느냐 네게 물으면
플라타너스
너의 머리는 어느덧 파아란 하늘에 젖어 있다.
....

그때는 김현승 시인이 바로 이웃에 살았던 것도 모른 채 〈플라타너스〉를 애송하며 다녔는데 시인도 그 언덕의 플라타너스를 보고 시를 썼던 것일까?

동네를 돌아보니 기와집, 초가집들이 모여 있던 곳도 커다란 아파트 단지로 바뀌어져 내가 어린 날 뛰어다니던 꽃길도 자취조차 없었다.

1900년대 초, 미국인 선교사들이 들어와 자신들의 집을 짓고 살았던 숲에도 가보았다. 어릴 적 이곳은 우리가 살던 동네와 가까이 있었지만 자유롭게 드나들지 못해서 먼발치에서 신기한 듯 구경하곤 했었다. 낯선 모습의 외국인들이 우리와는 모습도, 생활방식도 다른데다 금발머리 소녀들이 서양식 2층집에 살면서 숲속에서 놀고 있는 모습은 마치 동화의 나라를 보는 것 같았다. 많은 시간이 지났지만 선교사들이 자기의 고향에서 가져와 심었다는 흑호두나무, 은단풍이 지금도 건장하게 자리 잡고 있었다. 수령이 400년이 되어 광주시 기념물로 지정된 호랑가시나무가 있는 피터슨 목사의 사택은 지금은 예술가들이 상주하여 창작공간으로 이용하는 '호랑가시나무 창작소'가 되었다. 광주에서 가장 오래된 서양식 주택인 윌슨 선교사의 집도 보았다. 당시 숲속에 그림 같은 2층 벽돌집은 영화의 한 장면이었다. 윌슨 선교사는 의사이기도 해서 양림동에 제중병원을 설립하여 원장을 역임했고, 이 주택에서 장애아, 고아들을 위해 최초의 고아원도 운영하였다고 한다. 당시 선교사들은 기독교 복음을 전파하고 병원, 학교 등을 세워 운영하면서 가난하고 형편이 어려운 이들, 고아들을 위해 헌신했다. 세월이 흘러 선교사들도 고인이 되고, 남은 가족들도 귀국한 후에 남겨진 빈 집들은 고인들을 기리는 기념관으로 명명되어 보존하고 있고, 게스트하우스로도 운영되고 있다고 한다.

짧은 하루였지만 많은 것을 보고 느끼고 서울로 돌아오는 길엔, 이제 꿈에서나 보일 정도로 그립고 보고 싶던 플라타너스 언덕을, 원피스 팔랑거리며 폴짝폴짝 뛰어다니던 꽃길을, 엄마와 나의 추억이 담겨있던 옛집을 더는 볼 수 없게 되었구나 싶으니 마음이 텅 비고 쓸쓸했다.

한편으론 격동의 시대를 거치면서 더 발전하고 의미 있는 새 틀이 형성된 것을 보니 마음이 흐뭇했다. 지금도 근현대 문화유산이 많이 남아있어 사람들로 북적대는 관광지가 되었고 온 동네가 문화유적지, 문화 예술의 거리가 되었다. 옛 부잣집이었던 이장우 가옥과 최승효 고택도 그대로 보존되어 있었고 골목골목 그려진 마을 벽화와, 전시물이 걸려있는 펭귄마을도 인상적인 장소였다.

시간은 흘러가고 역사는 새롭게 만들어져 가면서 변천에 변천을 거듭하여 새로운 시대가 펼쳐지고 있으니 내 추억의 언덕쯤은 그냥 가슴에 묻어 두어야겠다.

서울로 올라오는 차창 밖으로 밝게 빛나는 별 하나가 따라온다.

조율은 타협하기

“당신, 자동차 딱지 떼였네.”

남편은 귀가 길에 우편함에서 가져온 자동차 운전 과태료 고지서를 내밀었다. ‘아니, 웬만해서 떼는 일이 없는데 언제 어디서 위반했지?’ 중얼거리면서 부리나케 고지서를 펼쳤다. 찍힌 사진은 분명히 내 차였고, 그 날 그 시간에 그 도로를 달렸던 것도 기억이 났다. 그런데 왕복 8차선 도로에서 제한속도가 50km였고 나는 64km로 달려서 위반이 된 것이었다. 늘 지나다니던 도로로 한 번도 속도위반 딱지를 뗀 적이 없었다. 보통 80km인 지방도로도 많은데 어떻게 8차선 도로가 시속 50km란 말인가. 괜히 속에서 부아가 치밀어 오르고 누가 이런 규정을 정하는 건지 눈도 코도 모르는 사람에게 원망이 뿜어 나왔다. 과태료를 내는 것도 아깝지만 한편으론 모든 것에 법규를 잘 지키며 산다고 자부심을 가진 내 스스로에게

흠집이 난 것에 마음 상했다. 푹푹 대고 앉아 있다가 평정을 가져오기 위한 내 마음속 키를 눌렀다. 그래. 내가 미처 모르고 다녔던 것이고 법규를 정하는 사람들은 교통안전을 위해 그리 정했을 테니 수긍하고 조심해서 다닐 수밖에.

어느 날 TV에서 19세부터 65년 동안 피아노 조율을 해온 우리나라 조율 명장 1호인 이종열 조율사의 이야기를 시청하였다. 그분은 어릴 적 교회 풍금 소리에 반해 풍금을 배우고 조율까지 하게 되었다고 한다. 그분은 피아노 음을 조정하는 조율은 '타협'이라고 했다. 음이 제자리에 서려면 주위 음들과 타협해야 바른 소리가 나온다는 것이다. 콘서트홀의 피아노는 줄이 230줄인데 사격이나 양궁 선수가 과녁을 향해 손가락을 떼는 순간 숨을 안 쉬는 것처럼, 총이나 화살을 쏘듯 고도로 집중해 230번을 그렇게 숨을 잠깐 멈추며 한 줄 한 줄 떨림을 듣고 느끼며 조율을 한다고 했다. 그분은 세계적인 국내외 연주가의 피아노를 조율하며 연주를 더욱 빛나게 만드는 조율사이지만 뒤에서 노력하고 애쓰는 역할을 할 뿐 청중들로부터 박수를 받는 것은 정작 무대 위의 연주자인 것이다. 그래서였을까. 피아니스트 조성진은 "선생님이 조율해 주시면 피아노 음에서 빛이 나는 느낌이 든다."라고 감사의 뜻을 전했다. 세계적인 피아노 거장 크리스티안 지메르만도 2003

년 내한 공연했을 때 연주회가 끝난 후, 완벽한 조율로 최상의 피아노를 만들어주었다고 그분에게 감사의 악수를 청했다고 한다. 조율사로서 의미 있고 보람을 느끼게 하는 결과이리라.

꽤 언짢은 전화를 받았다. 농담 반 진담 반으로 내뱉은 한마디를, 기다렸다는 듯이 낚아채어 본인의 뜻을 전달하고 은근히 의기양양해 하는 듯한 통화에 순간, 당황이 되면서 불쾌한 감정이 일었다. 서로 믿고 격려해주는 사이라고 생각했는데 속마음이 드러나 보여 말문이 막혔다. 평소 인간적이고 돈독한 교류를 해왔다고 믿었던 믿음이 무너지며 나는 내가 쥔 것, 바로 상대방이 원하는 것을 귀찮은 듯 팽개쳐버렸다. 사람마다 추구하는 가치 척도가 다르니까 '그래. 네 뜻대로 해 봐.'라는 마음으로.

인간과 인간의 관계는 무엇으로부터 비롯되고 무엇 때문에 파탄에 이르게 되는 것일까. 또는 무엇으로 신뢰를 갖게 만드는 것일까. 나는 상대방의 일방적인 계산과 자기 합리화로 무턱대고 들이미는 바람에 두 손을 들었다. 통화가 끝나고 좀처럼 가시지 않는 화를 누를 길 없어 항변하는 문자를 장문으로 보내고, 친한 지인에게 넋두리 삼아 토해냈다. 그래도 남은 찌끼는 없어지지 않고 내내 앙금이 되어 남아 있었다. 하루 이틀 시간이 흐르면서 내 마음의 키를 눌러 조정하고 있는 나를 보았다. 그래 그럴 수도 있겠지. 어차피 내겐 꼭 필요한 것은 아니니까.

나이가 들어가면서 자존심의 벽이 높아지고 매사 마음도 좁아져가는 나를 돌아보면서 주변에서 무심히 내뱉는 평범한 말들이 가슴에 담길 때가 있다. 어느 셰프는 나를 낮출수록 마음이 편안해진다고 했다. 고개가 끄덕여진다. 강연장에서 연사들의 강연을 들을 때, 감성적인 노랫말을 음미할 때면 정말 쉽고 간단한 말들이 크게 다가온다. '괜찮니?' '걱정하지마' '미안해' '사랑해' '잊어버려' '그럴 수 있어' 등등.

나는 그런 말을 일상에서 왜 쉽게 하지 못할까. 이제부터라도 희로애락을 격하게 표현하지 않고 담담하게 살아나가는 지혜가 필요한 것 같다. 마음속 밝은 꽃길도 넓혀가면서.

내 마음에도 피아노처럼 여러 갈래 줄이 있나 보다. 주위의 모든 것들과 올바르게 타협하며 멋진 길을 향한 키를 누르자.

마음의 평안을 주고 기쁨을 주는 건반을 누르며 조율해 보자. 내가 사랑하는 사람들과 더불어 복된 날을 살아갈 것을 기원하는 줄을 숨죽이며 잡아당겨 보자.

남의 편

모 방송 프로그램에서 최우수작으로 뽑힌 글을 읽었다. 남편은 퇴직을 앞둔 교사였고 아내는 남편이 첫사랑이었던 부부의 사연이었다.

두 사람은 TV를 보면서 밥을 먹고 있는데 마침 화면 속에서 사회자가 시골에 사는 칠십 된 노인 부부에게 물었다.

"다시 태어나면 지금의 아내와 또 결혼할 겁니까?" 물으니

"그래야지. 다른 여자라고 별수 있겠어? 그래도 살아 본 여자가 좋지."

아내에게도 똑같이 물었다. 그러자 말이 끝나기가 무섭게 두 손을 내저으며 절대로 지금의 남편과는 결혼을 안 한단다. '어디 가서 어떤 놈을 만나도 지금의 남편보다는 나을 것 같다.'는 것이다.

TV를 보던 남편은 아내에게 물어봤고 '나도 저 할머니와 똑같다.'는 아내의 답을 듣는다. 버럭 화를 내며 안방으로 들어가는 남편의 뒤에 대고 아내는 "그깟 농담도 못 받아들이고, 꼭 밴댕이 소갈딱지 같으니라고…." 하고 내뱉는다. 이 상황은 일부분일 뿐, 글의 전체 내용은 운명적으로 첫사랑이 맺어져 나이들도록 알콩달콩 사는 삶을 보여주었다.

우리 나이 또래의 모임에서 이런 얘기가 나오면 열 명 중 여덟 명은 다음 생에선 절대로 지금의 남편을 만나지 않겠다고 도리질한다. 자녀들을 모두 출가시킨 나이 지긋한 부부들의 삶을 보면 공통점이 많은 것 같다. 대체로 각방을 쓰고, 각자의 취향대로 따로 TV를 시청하고, 심지어 식사도 따로 하는 경우도 적지 않다. 대화 자체가 애틋하고 정겨운 스토리가 없고 간단명료한 몇 마디로 일상을 이어나간다. 물론 나이 들수록 서로 의지하고 살뜰한 마음으로 챙기며, 두 사람이 늘 함께 동행하고, 다시 태어나도 만나겠다는 천생연분이 있기도 하다.

젊은 날 뭔가에 씌어 결혼해서 꿈같은 날만 계속될 줄 알았지만, 살다 보니 상대방의 몰랐던 성격이나, 습관, 집안 내력 등등이 드러나 실망감이 커지면서 갈등이 생기고 가정생활에 위기가 온다. 결혼 전에 이 모든 걸 파악할 수 있

으면 좋으련만 살면서 하나하나 드러나고 밝혀지는 것은 어찌할 방법이 없다. 서로 달랐던 생활이 융화될 때까지의 갈등이나 속앓이를 잘 극복하려면 웬만한 건 이해하고, 덮어주고, 인내하는 삶의 지혜가 필요하다. 살다보면 힘듦 속에서도 "부부싸움은 칼로 물 베기"라는 명언(?)이 먹히고 그 덕분에 긴 세월 살아지나 보다.

나는 남편에게 불만이 많다. 제일 큰 것은 나와의 시간 약속을 소홀히 여기는 경향이 있다. 언젠가 나는 남편과 함께해야 할 중요한 일이 있어서 오후에 만나기로 하고 약속시간을 일러주었다. 아침에 나갈 때도 시간 꼭 지켜오라고 한 번 더 다짐을 받았다. 내가 시간 맞춰 약속 장소에 도착했는데 남편으로부터 전화가 왔다. '깜빡 잊고 친구를 만나느라 멀리 와 있다고.' 순간 소리를 버럭 질렀다. '남편이라면 이럴 수 없다.'고. 그 뒤 며칠 동안 남편과 말을 섞지 않고 지냈다. 남편은 약속을 소홀히 할 뿐만 아니라 일 벌이는데 선수다. 내 판단으론 아니다 싶어 아무리 말리고 설득해도 내 말은 도통 듣지 않고 남의 이야기는 신뢰하는 그런 사람이었다. 추진하던 일들이 헛수고로 나타나면 그때야 두 손 들고 머리 긁적이며 이럴 줄 몰랐다면서 엄청난 손실을 뒤집어쓰는 사람이다. 남편에 대한 실망이 거듭되면서 나는 휴대폰에 '남편'이 아닌 '남의 편'으로 저장하여 내 마음을 표현했다. 나는 당연히 방송의 할머니처럼 이 남자는 절대로 선택하지 않을 것이다.

휴~ 그래도 '부부가 되어 함께 늙어가고 있으니 미우나 고우나 서로 의지하고 아픈 곳 다독거리며 살아가야할 것 같다.'라고 마음을 다져보지만 불쑥불쑥 울화가 치밀어 오르는 것을 누를 길이 없다.

늙어갈수록 애인 같은 남편이 아니라 친구 같은 남편이 옆에 있었으면 좋겠다. 나이 들어도 허리 굽지 않고 헌칠한 키에 중후한 멋이 풍기는 그런 남자였으면 좋겠다. 단풍 고운 길을 팔짱 끼고 걸으며 살며시 기댈 수 있는 남자였으면 좋겠다. 내가 좋아하는 음악이나 영화를 함께 공감하고 즐길 수 있는 남편이었으면 좋겠다. 가끔은 향기롭고 사랑스러운 꽃다발을 안겨주는 남편이었으면 좋겠다.

참, 이런 황당하고 허황한 꿈을 꾸고 있는 나의 모습에 실소失笑를 금치 못한다. 이다음 생에선 내 삶의 기쁨을 남편에게서 찾을 것이 아니라 자유롭게 홀로 사는 삶을 선택하고 싶다면 말릴 사람이 있을까.

사랑의 향기

"꽈리고추는 길쭉길쭉하고 큰 것으로 고르세요. 꼭지를 따고 씻어서 물기가 남아 있을 때 소금을 조금 뿌리고 찹쌀가루를 묻혀 두시구요."

그녀의 오늘 요리는 '꽈리고추 쇠고기말이'이다. 눈이 동그랗고 손끝이 야무진 그녀는 나긋나긋한 음성으로 설명하며 재빠른 재료 손질로 요리를 완성해 간다.

그녀는 이십 년 이상 가정 선생님으로 교직에 몸담고 있다가 퇴직하여 유명한 맛 선생을 찾아다니며 우리 전통요리를 배우고 익혀서 지금은 본인의 연구실도 차리고 백화점 문화센터 강사로도 나간다. 나와 그녀는 삼십 년 지기인지라 친자매나 다름없이 지내는 사이다. 한가한 시간, 그녀의 손끝에서 완성되어 나오는 갖가지 음식들을 보고 있으면 나의 눈과 입은 감탄사 가지고는 모자란 느낌이다. 예쁜 빛깔과 모양, 입에서 살살 녹는 맛의 양갱, 약과, 개성 주악 등…. 또 혼사에 빠질 수 없는 폐백 음식이며 이바지 음식은 정성과 솜씨가 어우러져 가히 예술이라 하겠다.

늦가을 어느 날 그녀는 홍옥을 두 상자나 샀다. 한 철 잠깐 수확되는 홍옥을 놓칠까봐 과일가게를 몇 군데 들러 겨우 구했단다. 홍옥은 빛깔과 향이 좋아 건정과를 만든다. 그녀는 그 많은 사과를 깨끗이 씻어 얇게 조각내고 설탕물에 이, 삼 일을 넣었다 꺼냈다 하며 절였다가 하나하나 쟁반에 펼쳐 널고 선풍기바람까지 동원하여 하루를 말리고 다시 뒤집어서 말렸다가 설탕을 살살 뿌려서 또 하루를 말려서 마무리한다. 홍옥 건정과는 은은한 향과 새콤달콤한 맛, 그리고 입에서 씹히는 쫄깃함이 그만이다. 기계에 의해 만들어진 것이 아니고 손수 정성을 다해 만든 것이라 누구에게나 추천하고 싶은 훌륭한 간식이다. 수천 개의 사과 조각을 일일이 뒤집기를 서너 번씩 하노라면 몸이 귀찮고 고단할 텐데도 늘 웃는 얼굴이다. 음식을 만드는 사람이 즐겁고 행복한 마음으로 요리를 해야 먹는 사람도 행복하지 않겠느냐면서. 나는 그녀가 홍옥을 우려낸 핑크빛 액체에 레몬즙을 두어 방울 떨어뜨려 건네준 사과차의 향긋한 내음에 반해버렸다.

나도 그녀에게 정식으로 요리를 배우러 다니기 시작했다.

요리선생이 되고 싶다거나 뛰어나게 요리를 잘 하고 싶어서가 아니라, 난 그저 식구들에게 내 손으로 음식을 만들어 먹이고 싶어졌기 때문이다. 마침 백년손인 사위도 맞았는데 배달음식을 먹거나 외식을 하자니 내 마음이 좀 불편했다.

"쇠고기는 채끝 등심으로 포 뜬 것을 준비하여 양념에 재 놓았다가, 찹쌀가루가 묻은 꽈리고추에 고추 양끝이 보이도록 쇠고기를 감아주세요. 팬에 식용유를 두르고 타지 않게 굴려가며 구워서 접시에 예쁘게 담고 고기위에 잣가루를 뿌리면 됩니다. 음식은 재료나 손질도 중요하지만 내 마음의 사랑을 듬뿍 담아 조리해 보세요."

그녀는 완성된 요리를 접시에 동그랗게 돌려놓고 잣가루를 뿌린다. 상에 둘러앉아 시식을 하는 우리는 입도 마음도 즐겁기만 하다.

나는 필요한 재료를 구입하고 서둘러 집에 돌아와 배운 대로 열심히 만들어 본다. 꽈리고추 쇠고기말이와 지난번에 배웠던 낙지떡볶이를 만들며 맛있게 먹어 줄 가족들, 특히 낙지를 잘 먹는 귀염둥이 손자 생각에 손놀림이 바빠진다. 낙지떡볶이는 준비한 소스에 볶아놓은 고기랑떡, 그리고 데친 낙지와 야채를 함께 넣어 살짝 볶은 후 참기름 한 스푼으로 맛을 마무리한다. 정말 고소한 사랑의 향기가 폴폴 솟아 오른다.

레시피대로 조리를 하면서 나는 그녀의 요리에 대한 열정과 행복한 마음까지 듬뿍 받고 싶다. 문득 그녀가 요리를 완성하기 위해 마지막에 떨어뜨리는 참기름 한 방울의 의미를 내 삶에 견주어 본다. 지금 내 삶은 어떤 요리가 되어가고 있을까. 꿈과 욕망, 겸손과 오만, 진실과 위선을 앞에 놓고 아직 재료도 결정하지 못했을까? 아님 신뢰와 존경, 기쁨, 행복, 이 모든 재료를 섞어 맛을 내기 위해 조물거리고 있을까. 내 삶을 멋지게 마무리하기 위해 떨어뜨려야 할 마지막 한 방울은 무엇일까? 용서와 화해, 그리고 사랑일까…….

감사의 날들

녀석은 현관문이 열리자 신발을 벗고 후다닥 나를 향해 달려오더니 의자에 앉아있는 내 무릎에 입을 대고 '호오~ 호오~' 했다. 무릎에 보조기를 하고 몸이 자유롭지 못한 나는 녀석을 조심스레 안아준다.

참, 생각지도 못한 일이었다. 며칠째 계속 무릎이 아파 절룩거리며 걷다가 아무래도 진료를 받아야겠다 싶어 정형외과를 찾았다. MRI를 찍어 보자는 선생님 말씀에 대수롭지 않게 생각하면서도 약간의 불안감을 떨칠 수 없었다. 결과를 보신 선생님은 "내 생각이 맞았다."면서 연골이 파열되어 수술을 하는 게 좋겠단다. 내 평생 단 한 번도 수술을 하고 입원을 해본 적이 없던 터라 믿기지 않았다. 하긴 내 나이를 생각하면 오랫동안 탈 없이 지냈던 것만도 다행이지만. 갑자기 닥친 상황으로 머릿속이 복잡해지면서 내가 해야 할 일들, 약속 잡

힌 스케줄들이 눈앞에 펼쳐졌다. 그러나 지금 하지 않으면 관절염이 심해져 결국 인공관절 수술을 해야 한다는 현실을 심각하게 받아들이고 수술을 하기로 했다. 치료 잘하기로 정평이 나있는 든든한 정형외과 선생님을 믿고.

수술실에 들어가 겁에 질릴 새도 없이 입에 바로 마스크 같은 것을 씌우자마자 어찌된 건지 "눈 뜨세요." 한다. 두 시간을 훌쩍 건너뛰어 내 오른쪽 다리는 붕대로 칭칭 감겨 반 깁스가 되어 있었다. 놀라운 의술에 감탄이 절로 나왔다. 걸을 수 없어 불편할 뿐, 수술 후 통증도 없어 하루가 지나고 무통주사도 사양했다.

중학교 1학년 때였던가. 꽃이 꽂힌 꽃병을 들고 계단을 올라가다가 넘어지면서 꽃병을 깨뜨렸다. 일어나보니 왼쪽 손가락 약지 첫 마디쯤이 찢어져 속살이 보이고 피가 흘렀다. 그날은 일요일이어서 병원에 갈 수도 없어 손을 싸쥐고 마침 집 근처에 사는 언니네 집으로 갔다. 그 무렵 군의관이셨던 형부가 집에 계셔서 바로 마취 없이 서너 바늘 꿰매주셨다. 이것이 내 인생에서 첫 수술이었던 셈이다. 오십여 년이 지난 지금도 눈으로 봐선 잘 모르고 만져보면 느낌이 조금 다를 뿐이다.

퇴원하여 집으로 오는 길은 딸이 맡았다. 당분간 걷지 못하는 나를 위해 집에 오자마자 내가 불편하지 않게 사용할 수 있도록 내 주변에 이것저것 챙겨주고 가면서 발길이 떨어지지 않는 듯 자꾸 돌아보았다. 인연의 고리는 이리 맺어지는 걸까. 내가 어머니를 보살펴 드렸던 것처럼 딸은 나를 위해 자상한 배려를 해주고 마음을 써준다. 딸에게 고맙고 미안한 나의 마음과 나를 향했던 어머니의 마음이 똑같았으리라. 우리의 삶은 이처럼 돌고 돌아 할머니로, 엄마로, 딸로 서로 사랑하고 이해하게 되나 보다.

나는 감사한다. 내게 이만큼의 아픔만 주셨고, 시간이 지나면 완쾌되어 걸을 수 있으니까. 매일 아침 숲에서 날아오는 향내를 맡고, 이름을 알 수 없는 새들의 노래를 들으며 하루를 시작할 수 있음에 감사한다. 나가지 못하기에 종일 집에 있으면서 책도 읽고, 글도 쓰고, 좋은 프로 골라 TV도 시청하고, 컴퓨터 앞에 앉아 이메일도 보낼 수 있음에 감사한다. 비 갠 오후, 구름 사이로 쏟아지는 햇살을 보며 내 마음속에 환히 비추는 희망을 볼 수 있음에 감사한다. 내 가까이 참 좋은 형제들과 친구들이 있어 복된 삶을 누릴 수 있음을 감사한다.

보고 싶은 사람들을 그리워하고 옛 추억에 잠겨 웃음 지을 수 있음에 감사한다. 아련한 옛사랑, 이루어질 수 없었던 사랑이 그리워지는 날, 그래도 지금 생각하면 아름다운 추억으로 마음속에 담겨져 있음을 감사한다. "제가 보고 싶을 땐 언제라도 부르세요. 바로 달려갈게요." 하는 외손자, 학교에서 '기쁨과 슬픔'을 표현하라는 수업에서 "할머니 말랑뼈가 찢어져서 슬펐는데, 용돈을 만 원이나 주셔서 기뻤다."는 외손녀가 있음에 감사한다.

아들, 며느리가 네 살짜리 개구쟁이 녀석을 데리고 병문안 와서 나와 시간을 보내고 돌아가려는데, 녀석이 집에 가지 않고 우리 집에서 자고 가겠노라고 내 품에 안기며 고집을 부렸다. 그러나 녀석은 참 단순해서 장난감 자동차 한 대면 끝이다. 금방 내 품에서 벗어나 제 에미 손을 붙잡는다. 정말 자고 간다면 힘들어서 그냥 가기를 원하면서도 기분은 좋았다. 녀석은 나가려다 다시 돌아와 내 무릎에 입을 대고 '호오~' 해주고 손을 흔들며 간다. 녀석의 치료법으로 회복이 빨라지기를 기대하면서 나는 다시 한 번 감사한다. 고물고물 예쁜 짓만 하는 이 녀석이 나의 손자인 것을.

모두 가버린 텅 빈 집안엔 녀석이 놀면서 여기저기 어질러 놓은 흔적들이 남아있다. 그것이 또 정겹다. 하나 둘 마음 항아리 속에 차곡차곡 쌓아두고 가끔 꺼내어 다시 웃음지어 볼까. 지금 이대로 행복한 순간이 영원하길 바라지만, 누구의 힘으로도 오는 걸 막을 수도, 가는 걸 붙잡을 수도 없는 것이 세월이니 마음 가득 감사할 것으로 하루하루를 채워 보자.

사랑과 감사로 깊어가는 강

유인순 | 강원대 명예교수

신정호 수필가의 《생각 위에 서다》에 수록된 작품들을 읽다보면 도처에서, 서로 아끼고 사랑하며 살아가는 가족애의 전형을 보게 된다. 스티브 잡스가 남긴 마지막 남긴 말, 오직 사랑에 빠졌던 기억들만이 우리들의 마지막 동반자가 되어줄 것이니, 가족을, 동반자를 친구들을, 그대 자신은 물론 타인들을 사랑하고 소중히 여기라고 했다. 그런 면에서 보면 신 수필가만큼 작품을 통해 가족과 이웃과 타인들을 사랑하고 소중히 그려내려고 한 사람도 드문 것 같다.

이 수필집은 전체 6부로, 각 부에 서사序詞 포함 38편의 작품으로 구성되어 있다. 편의상 작품의 내용에 따라 분류하고 이들을 살펴보기로 하자.

1) 가정의 울타리 안에서 누리는 사랑의 기쁨과 슬픔 그리고 감사

어머니는 우리가 세상에 태어나면서 최초로 만나게 되는 사랑의 화신, 영원한 수호신이다. 그리고 가정은 처음 접하게 되는 혈연들이 만든 최초의 사회이다.

생애 첫 수필집을 출간했을 때의 감동을 담은 〈파이팅 파이팅〉에서 병상의 친정 어머니는 눈물을 글썽이셨고, 남편과 딸, 언니와 형부까지 모두 자기 일인 양 기뻐해주셨다. 수필은 혼자 쓴 것이되 혼자 쓴 것이 아니라 가족 모두와 함께 쓴 것이기 때문이다. 〈토닥토닥〉에서는 가을을 타는 어미를 위로해 주는 딸, 병실 문을 나설 때 웃음으로 딸을 배웅하시는 환후 중인 친정어머니, 급성혈액암 판정을 받은 친구의 아들, 그런 아들 앞에서 의연하던 친구의 모습에서 어머니 된 자의 자세를 보게 된다. 〈욥을 만나다〉에서는 욥의 시련에 비교하기에는 가당치도 않지만, 자신에게도 죽을 것 같은 시련을 겪고 나기까지 곁에서 지켜준 착한 남편과 딸에 대한 감사가 들어가 있다.

〈다시 만날 때까지〉는 103세를 일기로 돌아가신 어머니에 대한 그리움과 애통함을, 이후 어머니에 대한 그리움은 〈기억의 창가에서〉, 〈미처 말하지 못했네〉에서 반복된다. 어머니는 생전에 가족에게 이웃에게 늘 무언가를 나누어주기 좋아하시던 사랑의 화신으로 그려진다.

〈봄날의 반란〉과 〈남의 편〉에서는 남편과의 티격태격 사랑이야기를 담은 작품이다. 〈남의 편〉에서는 세 부부의 이야기로 구성된다. 티브이에 나온 70대의 노부부에게 다시 태어나도 같은 선택을 할 것이냐는 질문에 남편은 예스, 아내는 노, 이 장면을 지켜보던 교사로 퇴직한 남편이 아내에게 같은 질문을 하자 아내는 70대 아내와 동일하다고 대답, 분노한 남편이 바깥으로 나가자 아내는 "밴댕이 소갈딱지"라고 이죽거리며 그 내용을 글로 써서 발표한다. 퇴직한 교사 부인의 글을 읽고 난 신 수필가는 자신의 결혼생활을 돌아본다. 그녀 자신도 남편과 늘 티격태격하는 사이이기에 남편은 내 편이 아닌 '남의 편'이라고 생각하고 자신이 생각하는 멋진 남편상을 적어본다. 곧 '친구 같은 남편' '늙어도 꼿꼿하고 훤칠한 남편', 아내가 좋아하는 음악과 영화에 공감하고 감수성이 풍부했으면 좋겠다는 것이 그것이다.

〈내 마음 아시죠〉는 아들이 어머니께 쓴 글 같지만 사실은 작가자신이 결혼한 아들의 입장을 미루어 짐작하여 어머니의 희망사항과 양보해야 할 사항들을 서간체 형식으로 풀어나갔다. 〈사랑이 흘러가는 곳〉에서는 외손자와 함께하는 미국여행 중에 자신의 어린 시절 바라보던 외할머니와 현재 외손자가 자신을 어떤 외할머니로 기억하게 될 것인가를 상상한다. 〈감사의 날들〉에서는 무릎 수술을 하고 퇴원했을 때 병문안 온 어린 친손자가 자신에게 보여준 귀여운 모습, 딸과 사위와 외손주들, 아들과 며느리와 친손자가 할머니에게 보여준 따뜻한 사랑의 모습을 담았다.

한편, 〈한 그루의 나무〉에서는 어머니처럼 자신을 보살펴 온 13세 연상의 언니에 대한 사랑과 감사를 담았다.

가정의 울타리 안에서의 삶을 그린 작품에 소환된 대상들은 친정어머니와 남편, 딸과 아들, 사위와 외손주 남매, 며느리와 친손주로 제한된다. 이들 가족 사이는 아기자기하고 돈독하기 그지없다. 핏줄로 맺어진 관계이기에 더욱 그러하다. 신수필가에게 "가족이란 인연이고 운명이고 가족 구성원이 서로에겐 행운"으로 정의된다.

2) 가정의 울타리를 넘어서 사회 속으로 들어가기

〈뿌리를 찾는 사람들〉에서는 유럽으로 입양되었던 입양아가 친부모를 찾게 되는 이야기다. 동성동본의 남녀에게서 태어난 아이이기에 입양아가 되었다. 다행히 젊은 부모는 입양의 계기와 아이에 대한 자세하고 정확한 기록을 남겼기로 훗

날 친부모 찾기에 결정적 자료가 된다. 입양의 배경 이야기가 가슴을 저리게 하지만, 부득이한 입양의 경우일지라도 부모 자식 관련 정확하고 자세한 기록이 중요하다는 사실을 신수필가는 독자에게 전하고 입양아와 입양시설에 대한 관심을 환기 시킨다.

〈어느 가족 이야기〉는 2018년 칸 영화제에서 황금종려상을 수상한, 일본 고레에다 감독의 영화를 보고 작성한 작품이다. 결핍과 상처를 가진, 선량하지도 악하지도 않은 이들이 모여 가족이라는 이름으로 서로에 대한 애정을 키우는 특이한 이야기다. 영화 속에 등장한 '가족' 관계를 보고 나서 신 수필가는 다음과 같이 말한다.

> 영화 속의 이들은 혈연은 아니었지만 서로 보듬어 주고, 인정해 주고, 각자의 상처를 어루만져 주며 진정한 한 가족이 됨을 느낀 게 아니었을까?
>
> 영화관을 나오면서 '가족'이라면 사랑하며 공경하고, 울타리도 되어 주고, 따뜻하게 토닥이며 살아가는 모습이었으면 하는 바람을 가져본다.

가족이란 혈연만을 고집하는 것이 아니라 사랑과 공경과

이해로도 그 존재가치가 있다고 보는 것은 신 수필가가 지닌 가족에 대한 의미가 한 단계 올라갔다는 것을 증명하는 것이 아닌가.

이제 혈연의 가족과 영화 속 가족에서 열린 의미를 찾아가던 신 수필가는, 가족은 아니지만 가족처럼 이웃을 돕는 사람들의 삶으로 시선을 확장한다.

〈삶의 현장에서〉는 티브이에서 본, 주검을 부검하여 사자의 억울한 죽음을 밝혀내는 '법의학자', 격무에 시달리면서도 환자의 회복을 지켜보는 '흉부외과 의사'들의 삶을 지켜본다. 그런가 하면 택배회사의 '택배기사들', 어린 시절 푸세식 변기의 오물을 퍼내가던 일명 '똥장군'들, 물이 귀하던 시절 물지게로 물을 길어다주던 '물장수들'에 대해 고마움을 느끼고, 이들 사회에서 꼭 필요한 일을 하는 사람들임에도 종종 일어나는 이들에 대한 몰상식한 행위를 막고, 나아가 이들에 대한 복지에도 신경을 써야 한다고 주장한다.

3) 은폐된 역사의 현장에서 접하게 된 비극의 전말

〈평화의 바람이 불었으면〉은 세미나에 참석차 제주에 갔다가 '4·3 평화공원'에 있는 평화기념관을 방문, 처음 알게 된 제주 4·3 사태와 그 비극의 전말, 그에 따른 충격과 전율, 당혹스러움과 죄스러움 들을 적은 글이다. 신 수필가는 4·3 사태를 영화로 만든 〈 끝나지 않은 세월〉의 감독이 '시대적 정치적 혼란 속에서 일어난 일이라 할지라도 이제 가해자는 피해자에게 진실로 반성하고 사과해야' 한다고 말한 것을 작품 속에 기록한다. 2006년 노무현 대통령이 4·3 사태 희생자들에게 국가권력이 불법하게 행사되었던 잘못에 대해 사과한 것 역시 기록한다. 기록한다는 것은 증언한다는 것이다. 여전히 4·3 사태를 좌익의 패악에 있다고 주장하는 이들이 횡행한 가운데, 보통의 국민으로서, 무엇을 더 어떻게 할 수 있다는 것인가. 그러니 글을 쓰는 미력한 수필가는 4·3 사태에 대해 들은 사실들을 확인해서 작품 속에 남기고 '제주를 다시 찾는 날, 꼭 4·3의 억울한 영령들께 향기로운 꽃 한 다발 바치리라.'고 국민 된 입장에서 한없이 죄스러워하며 중얼거릴 수밖에 없는 것이다.

〈생각 위에 서다〉는 오래전 방문했던 아우슈비츠 수용소, 그리고 야드 바셈 추모관에서 받은 충격과 전율을 지금 여기에서 보듯 느낀다. 그리고 인류역사의 비극적 장소가 관광지가 되어 버린 삶의 아이러니 앞에 아연해 한다.

신 수필가는 한 해를 마무리하는 밤, 오래전에 경험했던 충격과 전율로 인한 불면의 밤에 그 맞불작전으로 떠올린 대안,

"오늘이 제일 젊은 날"이고 "살아온 날을 뒤돌아 아쉬워하기보다 남은 앞날을 위해서도 밝은 꿈을 꾸어보자."고 좋은 사람들 좋은 친구들의 기억을 떠올리며 편히 잠들기를 기도하는 것으로 끝을 맺는다.

유태인 학살이라는 역사적 사건은 이미 단죄 받고 충분히 사과 받은 사건이라면 4·3 사건은 여전히 지속적인 사건이기에 언급하기에 여간 조심스러운 것이 아닐 수 없다. 그러함에도 처음 접한 사건 관련 이야기(이미 매스컴을 통해 공개된 이야기라 해도) 를 작품 안에 기록했다는 것에서 진일보한 수필가의 자세를 보게 된다.

사회와 역사 속으로 들어갔던 저자의 시선은 이제 자신의 내면을 보기 시작한다.

4)좋은 수필, 좋은 수필가로 기억되고픈 소망

수필을 쓴다는 것은 자기반성과 고백이 앞서야 하는 작업이다. 가장 솔직한 내면 토로가 수필문학의 특성이기 때문이다. 신수필가의 수필작업에 대한 욕망과 실제, 글쓰기의 지난함, 수필을 통해 구현하고자 하는 소망 등을 찾아보자.

〈한 그루의 나무〉에서는 언니의 '포토 에세이'에 뒤이어 글을 쓰면서 이렇게 다짐한다.

이제 언니의 뒤를 이어 글을 쓰면서 앞에 펼쳐 놓았던 수많은 사연과 멋진 자연의 세계를 훼손하지 않는 글, 나만의 색깔, 내 나름 진솔한 삶의 이야기를 펼쳐 나가보리라 생각해 본다. 누군가, 어디에선가 내 글을 읽는 분들께 사랑을 건네주고, 희망과 용기를 주고, 웃음을 주고, 마음에 잔잔히 이는 감동을 주고 싶다. 나도 누군가에게 편안한 쉼터가 될 수 있는 한 그루의 나무가 되고 싶다.

〈내 안의 나〉에서는 글쓰기를 좋아하는 사람의 솔직한 욕망을 보여준다. 원고 청탁서를 받고 원고를 쓰기 전에 현재 수필계의 창작 경향, 이에 비해 '신변잡기적인 밋밋한 내 글'에 대한 반성, 수필가로의 자신을 냉정하게 돌아본다. 그리고 좋은 글을 쓰고 싶은 속내를 내비친다.

내 삶의 깊이가 그래도 보람 있었고, 누군가의 기억에서 괜찮은 사람, 멋있는 사람으로 남았으면 좋겠다. 많은 사람이 고개를 끄덕이며 빙긋이 미소 지을 책 한 권 남겼으면 좋겠다.

사람들에게 멋진 인간, 괜찮은 수필가로 인정받고 사랑받는 책 한 권 남기고 싶다는 소망은 〈 습작 노트〉에서도 반복된다.

5) 아름다운 뒷모습으로 기억되고픈 소망

이제 삶의 황혼기에 도달했다고 생각하는 신수필가는 지난 날을 회상하거나 남은 날의 삶을 모색한다.

〈추억의 창고를 열다〉에서는 창고 정리를 하다가 나온 요강, 선반 속 보따리에서 나온 대학생 시절의 일기와 편지와 잡다한 프로그램들을 보며 추억에 젖고 〈세월의 모퉁이를 돌아〉 에서는 돌아가신 어머니의 기억, 그 옛날 중후한 멋을 풍기시던 스승님이 이제는 노쇠한 모습으로 출판기념모임에 참석해주신 것을 보고 세월에 대한 안타까움과 덧없음을 풀어낸다. 〈산다는 것은〉에서는 얼떨결에 사온 건강 보조제, 예전 핵가족화 시대에 느끼는 노년의 고독, 어르신이라 부르는 호칭 앞에 당황하고 공공장소에서 경로 우대를 받을 때 고마움보다는 민망함을 느끼는 '노인'으로 인정받기를 거부하는 자화상이 그려져 있다.

〈기억의 창가〉에서는 스티브 잡스가 남긴 마지막 메시지, 마지막 날에 가져갈 수 있는 것은 '사랑의 추억뿐'임을 깨닫고 매사에 감사하고 '내 안에 긍정과 내려놓은 삶을 지향' 하기로 결심한다. 한편 〈조율은 타협하기〉에서는 자동차 운전 과태료 고지서를 받고 느낀 황당감, 티브이에 출연한 피아노 조율사의 이야기를 듣고 반성의 시간을 갖는다. 나이 들수록 자존감만 높아지고 완고해가는 성격, 그래서 생각한다.

> 내 마음에도 피아노처럼 여러 갈래 줄이 있나보다. 주위의 모든 것들과 올바르게 타협하며 멋진 길을 향한 키를 누르자. 마음의 평안을 주고 기쁨을 주는 건반을 누르며 조율해 보자. 내가 사랑하는 사람들과 더불어 복된 날을 살아갈 것을 기원하는 줄을 숨죽이며 잡아당겨 보자.

〈사랑의 향기〉에서 30년 지기 요리강사가 말하는 최고의 요리는 '재료 선택과 손질도 중요하지만 내 마음의 사랑을 듬뿍 담아 조리'한 것이다. 인생의 마무리에서 필요한 것은 용서와 화해, 사랑이 아니겠느냐고 자문자답한다. 이들 외에도 고3 때 만난 남학생 이야기인 〈날 잊지 말아요〉, 대학시절 일방적으로 접근해서 청혼을 해온 남자 이야기인 〈만남〉, 초교 시절 제주도에 살 때 알게 된 교회 오빠 이야기인 〈가파도를 걷다〉, 50년 만에 찾아간 〈고향길〉, 살아오면서 자신도 모르게 저지른 실수와 억울한 일을 다룬 〈잊히지 않는 일들〉도 즐겁게 읽을 수 있는 글이다. 그런데 이들이 모두 회고담 계열이라면, 〈위시 리스트〉는 다르다.

〈위시 리스트〉에서는 '다시 태어난다면'을 전제한다. 신 수필가는 여전히 자식에게 존경과 사랑받는 엄마로, 성공한 독신 커리어우먼, 자유여행가 등등을 꿈꾸다가 이들보다는 조금 현실적인 소망 리스트를 만든다. 곧 맘껏 먹고도 날씨한 여자, 치매나 불치병에서 자유로운 건강인, 솜씨 좋은 요리가, 글 쓰는 이, 로맨틱한 연애, 건강한 상태에서 이웃에게 봉사하는 사람, 그리고 행복의 절정에서 죽고, 사람들로부터 그리움을 받고 싶다는 것이다. 이와 비슷한 소망의 리스트는 〈남의 편〉에서도 나온다. 수필가가 원하는 남편상이다.

위에서 언급한 작품의 마무리는 언제나 긍정적이고 겸허한 삶, 이웃과 조화 속에 타협하고 용서와 화해와 사랑으로 연결된 삶, 지난 것에 대한 아쉬움보다는 밝은 맘으로 감사하는 마음 등등, 주로 사랑과 감사와 반성으로 끝나고 있었다.

6) 정리하며

신정호 수필가의 두 번째 수필집 《생각 위에 서다》를 읽고 있으면, 밝고 맑고 여운이 긴 종소리를 연상한다. 또는 깊은 강물이 옆에서 조용히 흐르고 있다는 느낌을 받는다. 신 수필가의 글에서는 악인이 없다. 모두가 선량한 사람들의 행진이다. 이는 아마도 신 수필가가 갖고 있는 선량한 시선이 작품

속의 모든 존재를 선량한 인물로 바꾸어 놓은 것이 아닌가 생각한다.

그런데 가족들에 대한 절대적 사랑과 신뢰에 확연하게 밑줄을 긋고 있는 작품들, 인생의 황혼녘에서 늘 선량하고 늘 반성하고 이해하고 사랑하고 조율하며 살아가겠노라는 이야기들, 이것들은 수필가의 장점이고 특징일 수도 있지만 그 반대적인 평가를 받을 수도 있다. 이에 독자의 한 사람으로, 빛의 세계에서 그늘의 세계로도 시선을 돌려 세상에서 가장 아름답고도 추한 이야기, 가장 선량하면서도 악한 이야기, 또는 가장 행복하면서도 불행한 이야기도 써주시기를 부탁해 본다.

신정호 수필집

생각 위에 서다

인쇄 2023년 5월 1일
발행 2023년 5월 5일

지은이 신정호
발행인 서정환
펴낸곳 수필과비평사
주소 서울시 종로구 삼일대로 32길 36(익선동 30-6 운현신화타워 빌딩) 305호
전화 (02) 3675-3885, (063) 275-4000·0484
팩스 (063) 274-3131
이메일 sina321@hanmail.net essay321@hanmail.net
출판등록 제300-2013-133호
인쇄 · 제본 신아출판사

ISBN 979-11-5933-472-6 03810

값 15,000원